CONSCIÊNCIA e IDEOLOGIA

PARA ALÉM DOS MUROS DE PEDRA (ENSAIOS)

EDITORA AFILIADA

Coordenadora do Conselho Editorial de Serviço Social
Maria Liduína de Oliveira e Silva

Conselho Editorial de Serviço Social
Ademir Alves da Silva
Elaine Rossetti Behring
Ivete Simionatto
Maria Lucia Silva Barroco

Dados Internacionais de Catalogação na Publicação (CIP)
(Câmara Brasileira do Livro, SP, Brasil)

Iasi, Mauro Luis
  Consciência e ideologia : para além dos muros de pedra : (ensaios) / Mauro Luis Iasi. -- 1. ed. -- São Paulo : Cortez, 2022.

  Bibliografia.
  ISBN 978-65-5555-304-8

  1. Alienação 2. Classes sociais 3. Consciência de classe 4. Ideologia - Aspectos sociais 5. Ideologia - Brasil 6. Lutas trabalhistas 7. Movimentos sociais I. Título.

22-120913   CDD-305.5

Índices para catálogo sistemático:

1. Consciência de classe : Socialismo : Sociologia   305.5

Eliete Marques da Silva - Bibliotecária - CRB-8/9380

MAURO IASI

CONSCIÊNCIA e IDEOLOGIA

PARA ALÉM DOS MUROS DE PEDRA (ENSAIOS)

São Paulo – SP

2022

CONSCIÊNCIA E IDEOLOGIA: PARA ALÉM DOS MUROS DE PEDRA
Mauro Luis Iasi

Capa: de Sign Arte Visual
Preparação de originais: Agnaldo Alves
Revisão: Marcia Rodrigues Nunes
Editora-assistente: Priscila F. Augusto
Diagramação: Linea Editora
Coordenação editorial: Danilo A. Q. Morales
Direção editorial: Miriam Cortez

Nenhuma parte desta obra pode ser reproduzida ou duplicada sem autorização expressa do autor e do editor.

© 2022 by Mauro Luis Iasi

Direitos para esta edição
CORTEZ EDITORA
R. Monte Alegre, 1074 — Perdizes
05014-001 — São Paulo-SP
Tel.: +55 11 3864 0111
cortez@cortezeditora.com.br
www.cortezeditora.com.br

Impresso no Brasil – dezembro de 2022

*"Quanto é mais penoso compreender tudo,
tomar consciência de todas as impossibilidades,
de todos os muros de pedra"*

Dostoiéviski *(Memórias do subsolo)*

*Aos(às) queridos(as) estudantes do NEP 13 de Maio,
da FDSBC, da Unifesp e da UFRJ,
que contribuíram de forma definitiva em tudo que já
estudei e escrevi em minha vida. Aos camaradas do PCB.*

À Paula

Sumário

Prefácio 9

Introdução 17

O Espírito do tempo de um tempo carente de espírito 27

Consciência e pertencimento de classe na nova configuração
do trabalho 47

Sociedade, indivíduo, ideologia e alienação: breve reflexão
de Marx a Adorno e Horkheimer 75

Classes, sujeitos históricos e mudança social 89

A Revolução Russa e os próximos cem anos 103

Educação, consciência de classe e estratégia revolucionária 133

Educação Popular: formação da consciência e luta política 151

Conexão de saberes: um espaço de formação política 165

Os intelectuais e a decadência ideológica 189

Dois métodos e uma decisão: a poesia do futuro
ou os fantasmas do passado? 197

Por que as massas caminham sob a direção de seus algozes? 205

O dilema de *O dilema das redes*: a internet é o ópio do povo 213

Sobre o Autor 223

Prefácio

Um chamado à razão aos homens e mulheres de nosso tempo

*Glaucia Lélis Alves**

"Os burgueses podem até ser ignorantes em sua esmagadora maioria: nem por isso o mundo burguês deixará de seguir seu curso. Ele é estruturado de tal modo que basta que haja uma minoria de intelectuais, de cientistas, de estudiosos, para que os negócios sigam em frente. Também a ignorância é um privilégio da burguesia, assim como o são o doce ócio e a preguiça mental. [...] Os burgueses podem até ser ignorantes. Mas não os proletários. Os proletários têm o dever de não ser ignorantes. A civilização socialista, sem privilégios de casta e de categoria, exige — para realizar-se plenamente — que todos os cidadãos saibam controlar o que seus mandatários decidem e fazem em cada caso concreto. [...]

---

* Glaucia Lélis é Professora Adjunta da Escola de Serviço Social da UFRJ, Coordenadora do Laboratório de Ensino, Pesquisa e Extensão Carlos Nelson Coutinho (LEPECNC/UFRJ), Pesquisadora do Laboratório de Estudos e Pesquisa em Marx e a Teoria Marxista da Dependência (LEMARX-TMD/UFRJ), Pesquisadora do Núcleo de Estudos e Pesquisas Marxistas (NEPEM/UFRJ) e Coordenadora do Projeto de Extensão da Biblioteca Feminista da Praia Vermelha.

Para que haja garantia de liberdade [...]. É preciso que ninguém seja absolutamente indispensável. O problema da educação dos proletários é um problema de liberdade. Os próprios proletários devem resolvê-lo. Os burgueses que pensem em seus problemas, se é que querem pensar" (Gramsci, A. *O privilégio da ignorância*).

O escrito, explícito na longa epígrafe, de Antônio Gramsci (1891--1937), importante comunista sardo, foi apresentado em um jornal socialista italiano *Il grido del popolo*, em outubro de 1917. E já se expressava ali uma preocupação central na obra gramsciana referente ao processo de organização e à formação político-cultural que fosse construída efetivamente pela própria classe trabalhadora e, assim, legitimasse seu projeto emancipatório. Trata-se de uma provocação e um chamado ao mesmo tempo para aqueles que se posicionam frente a um projeto de sociedade antagônico ao historicamente hegemônico: o capitalismo. A tarefa é árdua, contínua, prenhe de contradições e desafios sócio-históricos e ético-políticos. Não há espaço para ignorância, aquela que paralisa, que cega e que imobiliza, ou empreende, constantemente, estratégias para hipostasiar o movimento da história.

Ao receber o honroso convite de Mauro Iasi para prefaciar o conjunto de ensaios que o leitor tem em mãos, ressoaram as preocupações gramscianas, pois os temas abordados aqui visam refletir sobre a experiência de nossa classe diante dos muros de pedra que se erguem face às nossas esperanças e trazer alguns lampejos de luz sob os eixos centrais que envolvem a premente necessidade de não cairmos nas armadilhas da ignorância e do parasitismo tão propalados pela sociabilidade burguesa em curso. Desse modo, a reflexão sobre consciência e ideologia, e o modo como essas categorias se manifestam/externalizam, histórica e estruturalmente, e na nova configuração da classe trabalhadora, são centrais para a tarefa que se impõe ao enfrentamento do quadro atual de desenvolvimento do capitalismo.

O conjunto de ensaios reunidos neste livro traz quatro dimensões distintas mas organicamente vinculadas: primeiro, a relação entre indivíduo e sociedade e suas bases sócio-históricas e materiais;

segundo, a relação entre alienação e ideologia e as distintas estratégias de obscurecimento do real, bem como suas configurações no tempo presente; terceiro, temas de ordem política e histórica que revelam a atualidade da perspectiva revolucionária legada de Marx e Engels, da experiência da Revolução Russa e das análises históricas e conjunturais sobre a organização e luta de classes; quarto, os processos de formação política e cultural e estratégias educacionais emancipadoras construídas pela classe trabalhadora, seus meandros, a centralidade do método marxiano nesse processo e as contradições presentes.

O eixo articulador trata da urgente e reposta necessidade de desvelar o sociometabolismo do capital, suas contradições internas, à luz da teoria social crítica orientada pelos fundamentos consolidados, em certa medida, pela filosofia hegeliana, e sua superação por Marx e Engels, pelo método histórico-materialista que funda as bases para a leitura e intervenção na realidade por uma perspectiva totalizante. E, nela, as estratégias ideológicas da ordem burguesa, voltadas ao obscurecimento do real, expressa na pulverização das lutas, na falsa crença do vazio deixado pela ação revolucionária da classe na degeneração da forma política, nos processos alienantes, onde o núcleo central da sociabilidade passa pela predominância do fetiche e da consciência reificada. Iasi recupera o debate sobre os processos de serialização, da práxis reificada, e como a pós-modernidade, perspectiva que orienta e legitima a sociedade capitalista contemporânea, "vende" a ideia da quase impossibilidade da consciência de classe e onde a consciência possível se expressa no somatório de diferentes pontos, formas e lugares de pertencimento, e se forja de modo heterogêneo e efêmero. Como afirma o autor "[...] é no mínimo interessante que um momento da consciência submetida à reificação, o senso comum, seja elevado à condição universal de consciência social de uma época" (Iasi, 2017).

Como contraponto a esse processo, em um movimento dialético, esse eixo articulador traz contribuições acerca das respostas historicamente construídas pelas formas de organização da classe trabalhadora e como sofrem inflexões — intensificando-se ou recrudescendo — a partir desses processos ideopolíticos e pela própria luta de classes, o motor da história. A atualidade dos ensaios reside no exercício de desvelar o projeto burguês em suas contradições e renovar o impulso inaugurado pelos processos revolucionários, pela obra de Marx e Engels, a premente necessidade, retomada por Lênin e Gramsci, guardadas as devidas proporções e distinções históricas, de nos armarmos de estofo ético-político-cultural autônomo, produzido pela própria classe e nela mesma, na ação e práxis revolucionária, para não sucumbirmos à imposição da ignorância que a decadência ideológica produzida pelo capitalismo intenta nos impor.

O livro está estruturado em 12 ensaios que articulam, então, a defesa e a atualidade revolucionária do marxismo, para empreender tal análise e estruturar as bases efetivas das tarefas a serem empreendidas pela classe trabalhadora, sobretudo no tempo presente, estabelecendo uma relação histórico-dialética com sua organização, contradições, ganhos/avanços e derrotas vividas até aqui. Desafortunadamente, nada é mais didático para evidenciar essa atualidade do que a própria realidade e suas condições materiais/objetivas. Repõe-se e intensifica-se a essência do mesmo sistema desvelado por Marx, qual seja, a exploração da força de trabalho, obscurecida por sua forma mercantil, na relação de compra e venda, e apropriação, pelo capital, de seu valor de uso. É central ao capitalismo o ataque à produção social, sobretudo em contexto de hegemonia do capital financeirizado, portador de juros, em que a apropriação do fundo público se torna vital para a contenção de sua crise estrutural. Outro importante elemento dessa recomposição refere-se ao aparato estatal que engendra os mecanismos de controle social e legitimação na ordem monopólica do capital, ganha mais força e não o contrário. A composição do capitalismo se repõe em proporções abissais do grau de destrutividade atingido no atual padrão de acumulação, na manutenção e intensificação dos processos de exploração e expropriação da classe trabalhadora, e suas novas formas de configuração e subjetividade.

As armadilhas ideológicas construídas nesses tempos se expressam no conservadorismo tacanho que revela, como bem problematizou

Lukács, o pensamento burguês que produz a apologética erosão da realidade e a fuga a uma ideologia pura, bem como a decadência, para Iasi: "O capitalismo dependente e a estrutura de classes que lhe é própria produziu uma formação social cindida por antagonismos inconciliáveis, uma classe diminuta e parasitária, uma massa de explorados". Esses elementos, assim como as bases da formação da consciência, a partir de um debate de que a filosofia reflete o saber substancial de seu tempo, são abordados nos ensaios: "O Espírito do tempo de um tempo carente de espírito"; "Sociedade, indivíduo, ideologia e alienação"; "Os intelectuais e a decadência ideológica"; "Por que as massas caminham sob a direção de seus algozes?" e "O dilema de O dilema das redes".

A forma capitalista não apenas desenvolve, nesse processo dialético desvendado por Marx e Engels, as condições de uma sociabilidade a serviço da valorização do valor que produz as bases para a reificação e, portanto, a desumanização do humano, como também gera as condições que tornam possível sua superação.

Trata-se de desvelar a construção ideopolítica das consciências coletivas na luta hegemônica, nesse movimento dialético, sobretudo se o horizonte é a dimensão universal como fim último, ou seja, a unidade econômico/política e intelectual/moral, a partir da consolidação da hegemonia política e cultural de um grupo social sobre uma sociedade inteira, explicitando a totalidade, e não uma realidade cindida, fragmentada, serializada. A questão problematizada, entendendo o processo de transição socialista, é em que medida a ação política coletiva constrói e desenvolve a função de "fazer ir da passividade às grandes massas", ou, do senso comum à filosofia da práxis. Como anuncia Iasi: "[...] o agudo desenvolvimento do modo de produção capitalista que gera contradições e as condições materiais para sua superação".

Ocorre então a necessidade de demarcar o processo histórico referido, o da relação entre ideologia e a legitimação dos projetos societários no processo da dominação burguesa. No marco da sociedade burguesa, a relação entre Estado e sociedade civil sofre uma inflexão significativa, pois o Estado passa a incorporar demandas e reivindicações da sociedade civil no conjunto dos interesses consolidados por essa instância. Em virtude do caráter incontrolável e destrutivo da expansão capitalista, ressalta-se que não é pela solução reformista e pela ampliação democrática mediante mecanismos de participação e controle social por meio da política social, nos moldes em que ela é implementada, que serão operadas mudanças significativas, tanto na conformação de uma sociedade civil autônoma, com potencial crítico e argumentativo, como na conformação de um projeto emancipador de sociedade, em decorrência da crise estrutural vigente, com vistas à transição socialista. No entanto, essa transição dependerá de ações dos homens, na relação entre consciência em si e consciência para si, do processo organizativo da classe trabalhadora. Por isso, a revolução socialista não pode ser concebida como um ato singular, não importa quão seja radical na sua intenção. Ela deve ser descrita como uma revolução social que se desdobra consistentemente autocrítica, chamado retomado no presente livro.

O processo de formação da classe trabalhadora e dos demais segmentos sociais, a partir de um processo vigoroso e ativo da formação da consciência de classe, perpassa estratégias de rearticulação do projeto que apresenta como premissa uma sociedade sem classes, ou seja, aquela em que o sujeito deve eliminar-se como classe para realizar a nova ordem, isto é, deixar de ser classe e se constituir como livre produtor autônomo. O valor deve ser eliminado como tempo de trabalho necessário e produtividade e, sim, consolidar o princípio do tempo disponível, viabilizando, dessa forma, a (des)alienação do mundo do trabalho, da vida humana. Elementos resgatados por Mauro Iasi ao estabelecer a relação entre consciência de classe e educação popular nos ensaios: "Consciência e pertencimento de classe na nova configuração do trabalho"; "Classes, sujeitos históricos e mudança social"; "A Revolução Russa e os próximos cem anos"; "Educação, consciência de classe e estratégia revolucionária"; "Educação Popular: formação da consciência e luta política"; "Conexão de saberes: um espaço de formação política"; "Dois métodos e uma decisão: a poesia do futuro ou os fantasmas do passado?".

O autor destaca, movido pelas reflexões sobretudo calcadas em Lênin, Lukács e Gramsci, que "[...] nossa tarefa, então, é construir as mediações que permitam que a consciência como possibilidade objetiva de um sujeito histórico se transforme em força material e se apodere das massas, elevando sua consciência imediata ao nível de uma consciência revolucionária". Reflexões processadas em distintos momentos e tempos de uma trajetória acadêmico-política-militante coerente e em consonância com a melhor tradição da efetiva ortodoxia marxiana. Em um profícuo e potente diálogo com Hegel, Marx, Engels — a tradição marxista — e com filósofos contemporâneos de distintas matrizes, tendo em vista descortinar o véu que encobre a realidade com o recurso fundamental à arte e à literatura, objetivações do ser social indispensáveis para transpor os muros de pedra que obnubilam nossa percepção da vida social e da luta inadiável frente a tempos tão endurecidos.

O convite à leitura dos temas candentes e necessários trazidos por Mauro Iasi o faço via Hilda Hilst, em seu conjunto de "Poemas aos homens de nosso tempo", um chamado à lucidez, à razão, à poesia para seguir ao movimento da história e impulsionar a força revolucionária das lutas sociais.

> Lobos? São muitos.
> Mas tu podes ainda
> A palavra na língua
> Aquietá-los.
> Mortos? O mundo.
> Mas podes acordá-lo
> Sortilégio de vida
> Na palavra escrita.
> Lúcidos? São poucos.
> Mas se farão milhares
> Se à lucidez dos poucos
> Te juntares.
> Raros? Teus preclaros amigos.
> E tu mesmo, raro.
> Se nas coisas que digo
> Acreditares.

Referências

GRAMSCI, Antônio. *Escritos políticos*. Organização e tradução Carlos Nelson Coutinho. Rio de Janeiro: Civilização Brasileira, 2004. v. 1.

HILST, Hilda. *Da poesia*. São Paulo: Companhia das Letras, 2017.

Introdução

"O Processo de Consciência" 35 anos depois (1985/2020)

Certa vez, José Saramago disse que o nosso pior pesadelo é não poder estar onde nossa vista alcança. Quando estudamos a consciência na perspectiva marxista, estamos buscando responder simultaneamente a duas questões fundamentais. Primeiro, sobre as determinações que acabam por impor a concepção de mundo e os valores de uma determinada ordem às consciências dos trabalhadores, fazendo com que nossas consciências se tornem um instrumento de justificação e reprodução de uma ordem. Em segundo lugar, nos perguntamos como as consciências moldadas pela ideologia dominante podem se transformar em consciências de classe e buscar mudanças sociais.

Ocorre que, mesmo conscientes do caráter de nosso mundo e da necessidade de transformá-lo, nem sempre vivemos em épocas em que esta ousadia encontra condições de realizar-se. Não basta ter consciência das determinações históricas do mundo em que vivemos e a certeza de que podemos nos converter em sujeitos de uma nova sociedade; é preciso construir os caminhos práticos da emancipação nas condições históricas dadas. Seja quando estamos submetidos à alienação e à reificação, seja em luta contra as injustiças do mundo ou militando para transformá-lo, erguem-se contra nossas intenções de mudança poderosos muros de pedra que nos impedem de ver mais adiante e, por um momento, de seguir em frente.

O ser que se torna consciente é antes de tudo um ser em conflito. Como disse Dostoiéviski em seu magistral *Memórias do subsolo*, é por demais penoso tomar consciência das impossibilidades, compreender tudo e se defrontar com muros de pedra que nos impedem de ver adiante. Barreiras que se erguem entre nós e nossas esperanças. Não queremos, entretanto, a paz do desconhecimento, a bênção da ignorância. A consciência de onde estamos, quem somos e do que podemos fazer torna-se uma força material que nos impulsiona para além das barreiras, pois, por vê-las e compreendê-las, é que podemos almejar transpô-las um dia.

A unidade dialética entre a consciência que nos move e os muros de pedra que se apresentam como barreiras constituem os dois elementos da práxis daqueles que entenderam que fazem história, mas não a fazem como querem, nem em circunstâncias de sua escolha.

Iniciei os estudos sobre o processo de consciência no contexto da prática da educação popular junto ao Núcleo de Educação Popular (NEP) 13 de Maio, no Instituto de Psiquiatria Social (IPSO) da CTE Enfance e nos estudos de Psicologia Social na PUC de São Paulo. Uma pesquisa e uma prática educativa que tem como ponto de partida um pequeno ensaio — "Uma reflexão sobre o processo de consciência" — escrito em 1985 como trabalho de uma disciplina de Silvia Lane no programa de mestrado em Psicologia Social da PUC-SP e, depois, publicado em 1999 pelo Centro de Pesquisas Vergueiro (CPV).

Neste ponto de partida, estão presentes um acúmulo de estudos que buscava uma relação entre os aspectos objetivos e subjetivos, entre a materialidade da luta de classes e suas determinações e a intencionalidade dos sujeitos históricos. No bojo destes estudos prévios, vinham os textos fundamentais de Marx e Engels, com destaque para *A ideologia alemã* e *O capital*, a obra fundamental de Lukács — *História e consciência de classe* —, ao mesmo tempo que, nos estudos de Psicologia Social, seja no IPSO, seja no programa de pós-graduação na PUC de São Paulo, vinham as influências da psicanálise em Freud, o pensamento de Franco Basaglia, e sua particular forma de compreender as instituições, e o monumental pensamento de Sartre, primeiro em um duro debate como Lukács em *Existencialismo ou marxismo* (1979), e na resposta sartriana em *Questão do método* e a *Crítica da razão dialética* (1979).

Devem-se destacar duas influências importantes neste momento inicial de elaboração: os estudos de grupo, no IPSO com os estudos de Bion (1975), Pichon-Rivière (1986), Martin-Baró (1989) e outros, assim como nos estudos de grupo com a professora Silvia Lane na PUC-SP. Ao lado disso, foi decisiva a contribuição do professor Ricardo Antunes, notadamente seus estudos sobre a classe trabalhadora e o movimento sindical em *Classe operária, sindicato e partido no Brasil* (Cortez, 1982) e Celso Frederico com *Consciência operária no Brasil* (Ática, 1978). É em Antunes (1996, p. 103) que encontramos a síntese do ponto de partida dos estudos que seguiram o primeiro ensaio. Segundo o autor, os estudos sobre consciência de classe, em sua maioria, acabaram por consistir em relatos empíricos de como a classe atuou na imediaticidade, ou, por outro lado, caíam em construções idealizadas e a-históricas. O desafio, ainda segundo o sociólogo paulista, seria "apreender tanto a dimensão empírica, da sua consciência cotidiana", assim como "buscar compreender também quais seriam as outras possibilidades de ação coletiva, próximas de uma aproximação mais totalizantes, menos fragmentada e coisificada do todo social".

No ensaio de 1985/1999, perquirimos as formas que constituem o movimento próprio da consciência, desde a alienação inicial na qual tomamos a consciência de uma determinada forma social como nossa, no processo de constituição da classe na luta contra as formas mais aparentes das contradições da ordem do capital, até a possibilidade de constituição como sujeito histórico que aponta para além desta ordem. Ali a questão essencial colocada por Antunes, a partir de Lukács, se manifestava plenamente. Era necessário buscar as mediações particulares que moldam a consciência dos indivíduos à ordem societária que os inclui, as primeiras superações desta subsunção nas ações coletivas e a dimensão do grupo, até as mediações genéricas em que a classe se constitui como classe e a possibilidade de se transformar em um sujeito universal.

Estas mediações, no entanto, estão longe de estar resolvidas no primeiro ensaio. Ali se apresentam na singularidade de um ponto de partida, no exato sentido do termo, uma universalidade ainda carente de determinações. Era necessário buscar as mediações e determinações. A virtude e, ao mesmo tempo, o limite do primeiro ensaio estão na pretensão de compreender o movimento da consciência sem a intenção de um profundo debate teórico que o pensamento social havia percorrido sobre o tema: a tentativa de descrever em linhas gerais o movimento, as contradições e as passagens. Este esforço nos deu um quadro geral do processo de consciência que nos permitiu identificar as lacunas a serem preenchidas pela continuidade do estudo.

A primeira delas era a necessidade de estabelecer um estado da arte no campo das ciências sociais, esforço que foi empreendido nos estudos de mestrado (FFLCH-USP) sob a orientação competente do professor Sedi Hirano e que resultou no livro *O dilema de Hamlet: o ser o não ser da consciência* (Viramundo/Boitempo, 2002). Aqui fica clara e mais precisa a constatação de que o tema da consciência e da consciência de classe estava no centro de uma questão muito maior, qual seja, a relação entre indivíduo e sociedade e a forma como o pensamento social buscava articular estas dimensões. Nossa constatação é de que a sociologia clássica luta para responder a um problema que, de certa forma, ela mesma criou. A sociologia funcionalista fundada nas premissas durkheimianas busca explicar a forma como o todo social molda as formas de agir, pensar e sentir dos indivíduos como fatos sociais, ao passo que a sociologia compreensiva de Weber busca compreender a ação social dos indivíduos orientados por valores que resultam em formas coletivas mais ou menos homogêneas. Marx (1993, p. 195-6), antes deles, alertava que era necessário fugir da polarização entre indivíduo e sociedade, pois "o indivíduo é o ser social" e que a "vida individual" seria "um modo mais específico ou mais geral da vida genérica" (idem, ibidem). Restava, portanto, pesquisar e chegar às determinações destas mediações particulares e específicas da vida individual e as determinações universais que nela se materializam. Por vezes, todo o esforço de pesquisa nos leva de volta à mesma questão inicial, no entanto, agora, com mais elementos para enfrentá-la.

Tratar das mediações particulares e genéricas da consciência de classe, à luz do que compreendíamos como processo de consciência, impunha buscar perquirir o movimento desde sua gênese, na formação dos ser social como indivíduo no bojo da sociabilidade burguesa, determinada pelo ser do capital e as formas de socialização que daí derivam: os processos de amoldamento à consciência social, o papel da ideologia, as formas embrionárias de questionamento do senso comum, a ação grupal e coletiva, e a dimensão da classe e da ação política.

É importante lembrar que o estudo não se apresentava como uma metafísica de conceitos abstratos. Tratava-se, desde o início, de compreender o movimento do real, e o real era para nós a luta de classes no Brasil, seus protagonistas, suas intencionalidades, suas formas organizativas, programas estratégicos e as formas táticas. Era o momento da crise da autocracia burguesa e emergência da classe trabalhadora no centro do cenário da luta de classes. As greves do ABC, a retomada das lutas sociais e sindicais, a formação do PT, da CUT, do MST e de uma infinidade de movimentos através dos quais a classe trabalhadora ia se constituindo enquanto classe. Mas, também, o momento de suas contradições e barreiras. Os impasses na luta sindical, as primeiras vitórias eleitorais do PT em prefeituras e os primeiros germes de degeneração burocrática que já se apresentavam.

Movia-nos a inquietude diante de uma certa visão de linearidade que imaginava a superação da ditadura e o início de uma transição democrática como um idílico acerto de contas com o passado, seja da ditadura, seja das forças políticas que, como o PCB, antecederam o ciclo que se abria. O movimento da consciência, da alienação inicial à consciência de classe em si, seria a expressão ideal do movimento objetivo da classe. São estas duas dimensões que se apresentam na continuidade do estudo, agora no doutorado (FFLCH-USP), ainda sob a orientação do professor Sedi Hirano e que vieram a ser publicadas em 2006 — *As metamorfoses da consciência de classe: o PT entre a negação e o consentimento* (Expressão Popular: São Paulo, 2006).

Podemos resumir grosseiramente nossas conclusões da seguinte maneira: as metamorfoses da consciência de classe correspondem ao movimento real do ser da classe trabalhadora, ora amoldada à ordem societária que a determina, ora em luta contra esta ordem, mas ainda nos limites desta ordem, e, em certas condições, podendo constituir um sujeito histórico que apresenta a possibilidade de alteração revolucionária, expressa em uma consciência de classe para si. O vínculo da consciência com o ser da classe nos alertava de que o movimento da classe podia não apenas avançar na direção destes momentos, como regredir a patamares anteriores e mesmo mergulhar de volta na serialidade e na alienação.

O tempo histórico dos estudos realizados foi igualmente o tempo do percurso que levou o PT da contestação a seu amoldamento em relação à ordem que queria negar. A tese de doutorado foi defendida em 2004, segundo ano do primeiro governo Lula e no momento em que ficava clara a direção da conciliação de classes e o rumo que levaria ao impasse de 2016 e ao golpe que encerraria o ciclo. É também o tempo de reversão conservadora expressa no senso comum capturado pelo obscurantismo da extrema direita que terminaria por chegar ao maior cargo da República nas eleições de 2018. Este processo mais recente é analisado em uma série de ensaios produzidos entre 2007 e 2017 e reunidos no livro *Política, Estado e ideologia na trama conjuntural* (São Paulo: ICP, 2017). Neste, a ênfase se encontra na ligação entre a luta de classes e suas expressões no Estado, e uma das mediações essenciais nesse período de derrota e inflexão conservadora, fica evidenciada a necessidade de compreender de maneira mais detida e aprofundada a questão da ideologia que culminou nas pesquisas e estudos no Núcleo de Estudos e Pesquisas Marxistas (NEPEM) na Escola de Serviço Social da UFRJ desde 2009. Aqui também se exercitou a busca de mediações entre as dimensões históricas e da materialidade da ordem do capital e as formas de expressão cotidiana e conjuntural no corpo da luta de classes.

O livro que agora se apresenta segue a mesma trilha. Nos ensaios que o compõem, procuramos refletir sobre a experiência de nossa classe diante dos muros de pedra que se erguem diante de nossas esperanças. Se no início da caminhada éramos obrigados a afirmar contra as ilusões idílicas das contradições e riscos de recuo, agora somos levados a procurar, em meio às trevas que se abateram, os indícios de luz que comprovam que nenhuma noite é eterna.

Trata-se de ensaios produzidos em épocas distintas e que abordam temas direta ou indiretamente ligados à nossa reflexão sobre consciência de classe e ideologia. No seu conjunto, soam como algo inconcluso, mas não por qualquer motivo associado à produção do livro em si mesmo, mas pelo caráter em aberto dos tempos em que vivemos. Os ensaios tratam de temas como o caráter da consciência social de nossos tempos, ou o espírito do tempo, como diriam os hegelianos, a questão da consciência de classe na nova configuração do trabalho e da classe trabalhadora, questões teóricas como as que procuram compreender a relação entre indivíduo e sociedade, alienação e ideologia, ou temas mais de ordem política e história, como a reflexão sobre a Revolução Russa em seus cem anos ou a natureza da ideologia na época das redes sociais e de inflexão política conservadora.

Um livro que tem uma característica interessante a ser destacada. Ele chega até os leitores por iniciativa de uma mulher forte e decidida, Maria Liduína de Oliveira, professora da Unifesp, e que milita neste mundo das editoras numa trincheira fundamental: a Cortez Editora. O livro traz contribuições de outras mulheres fundamentais: uma apresentação de Ana Elisabete da Mota, professora aposentada da UFPE e professora visitante sênior no PPSS ESS UFRJ, que tem me ensinado a ver com mais clareza e profundidade nestes tempos difíceis, e da minha querida camarada e amiga Maria Lídia da Silveira (UFF e UFRJ), que é na educação popular uma referência essencial para todos nós, e, como uma agradável surpresa, o gentil prefácio de Gláucia Lelis, minha querida amiga da ESS da UFRJ. Agradeço especialmente à Maria Lídia pela leitura dos originais e contribuições essenciais que daí derivaram. Devo agradecer e desculpar-me, também, com a camarada Rosângela Batistoni, que, em um momento difícil, foi assediada pelas minhas pequenas necessidades quando precisava de abraços e nossa solidariedade. Ficam aqui todos os abraços que ela merece. Todas elas militantes e intelectuais de primeira grandeza, assistentes sociais e socialistas e que, cada uma a seu modo, nos ajudam a olhar acima dos muros de pedra que se impõem em nosso caminho.

Não posso resumir em palavras a honra e o profundo agradecimento, não só pelas palavras que apresentam este trabalho, mas também pela cumplicidade que nos liga e pela rica troca que pudemos construir nesta caminhada coletiva. Este encontro não seria possível não fosse o caráter do campo do Serviço Social e a direção política e teórica que no Brasil se desenvolveu de forma particular. Tornei-me um filho adotivo no campo do Serviço Social, são elas, ao lado de tantas outras, minhas queridas irmãs.

Não cheguei ao meu tema de estudo pelo Serviço Social, mas certamente cheguei ao Serviço Social pelo meu tema. Aqui encontrei ouvidos e almas atentas às dimensões objetivas e subjetivas da luta de classe, aqui encontrei a certeza no caminho da emancipação e a decisão de resistência contra a conciliação de classes e a barbárie, assim como a convicção de que a construção da emancipação não se dá apenas na adesão a valores emancipatórios, mas no árduo caminho da prática profissional nos espaços sócio-ocupacionais. Aqui me sinto em casa, não apenas na casa em que hoje compartilhamos o pão, as alegrias e sofrimentos do presente, mas naquela que nos propomos a construir em um futuro emancipado e comunista. Alimento a convicção de que a construiremos com as pedras dos muros que hoje se apresentam como barreiras.

Venceremos esta noite, tenho certeza, por trás destes muros de pedras um novo dia já se anuncia e nos cobra a necessidade de seguir a caminhada. E eu os convido a caminhar juntos.

Mauro Luis Iasi
dezembro de 2020
(o pior ano do século... até agora)

Referências

ANTUNES, R. *Classe operária, sindicato e partido no Brasil*. São Paulo: Cortez, 1982.

ANTUNES, R Notas sobre consciência de classe. *In*: REGO, W. (org.). *Lukács, um Galileu do século XX*. São Paulo: Boitempo, 1996.

BION, W. R. *Experiências com grupos*. Rio de Janeiro: Imago, 1975.

DOSTOIÉVSKI, F. *Memórias do subsolo*. São Paulo: Editora 34, 2000.

FREDERICO, C. *Consciência operária no Brasil*. São Paulo: Ática, 1978.

IASI, M. L. *Processo de consciência*. São Paulo: CPV, 1999.

IASI, M. L. *O dilema de Hamlet:* o ser e o não ser da consciência. São Paulo: Viramundo/Boitempo, 2002.

IASI, M. L. *Metamorfoses da consciência de classe:* o PT entre a negação e o consentimento. São Paulo: Expressão Popular, 2006.

IASI, M. L. *Política, Estado e ideologia na trama conjuntural*. São Paulo: ICP, 2017.

LUKÁCS, G. *História e consciência de classe*. Porto: Escorpião, 1974.

LUKÁCS, G. *Existencialismo ou marxismo*. São Paulo: Livraria Ciências Humanas, 1979.

MARX, K. *Manuscritos econômicos e filosóficos*. Lisboa: Edições 70, 1993.

MARTIN-BARÓ, I. *Sistemas, grupos y poder:* psicología social desde Centroamérica. UCA, 1989. (mimeo)

PICHON-RIVIÈRE, E. *O processo grupal*. São Paulo: Martins Fontes, 1986.

SARTRE, J. P. *Crítica de la razón dialéctica*. Buenos Aires: Losada, 1979.

O Espírito do tempo de um tempo carente de espírito*

> *"Não é difícil ver que nosso tempo
> é um tempo de nascimento e trânsito
> para uma nova época."*
>
> Hegel

No cenário trágico que configura nosso mundo nestes difíceis tempos em que predomina a barbárie, comecemos por uma boa notícia: o mundo vai acabar. Todo final costuma ser trágico, conturbado, momento de trânsito entre o velho que caduca e o novo que germina, época de monstros, sombras de um passado morto revivido.

Os anos 2000 se apresentam sob o signo das previsões Maias do fim do mundo, da guerra, da fome, da insistente miséria, das doenças que se esperavam erradicadas e de novas epidemias, do drama de populações inteiras vagando sem rumo, fugindo de tudo em frágeis jangadas que cruzam insanas os mares inclementes apenas para não

---

* Publicado originalmente no livro *Uma política social para qual emancipação?* Brasília: Abaré, organização de Ivanete Boschetti, Evilásio Salvador *et al.*, e-book que reúne as contribuições ao Seminário Internacional — VI SIPS — Seminário Internacional do Política Social, realizado na UnB, em 2017, promovido pelo PPGPS da UnB.

encontrar nenhum porto que as acolha. Os cemitérios da história abrem suas portas para o renascimento do fascismo, da irracionalidade, do preconceito cego. Direitos se esvanecem como se fossem pó atingido por súbita rajada de vento. Trevas e pesadas nuvens se acumulam no horizonte.

É de esperar que estes tempos se fizessem acompanhar de uma forma própria de consciência social, prenha de niilismos, agnosticismo, descrenças e crenças intolerantes, dogmas e opiniões catastróficas ou salvadoras.

Partiremos de dois princípios para tentar compreender este quadro sombrio. Duas pistas encontradas em Hegel: o primeiro é aquele que nos serve de epígrafe a este texto e que afirma que vivemos em um tempo de nascimento e trânsito para um novo tempo (Hegel [1807], 1997, p. 26); o segundo, sua convicção de que a filosofia é sempre o saber substancial de seu tempo, isto é, "[...] ela é o saber pensante daquilo que, no tempo, é" (Hegel [1825/26], p. 237 *apud* Barata-Moura, 2010, p. 92).

Pela primeira afirmação, somos levados à compreensão de que em tempos de transição se costuma duvidar da capacidade da razão chegar à verdade, mais que isso, o axioma segundo o qual a verdade é inalcançável torna-se o "grande sinal da época" (Hegel [1816]1983, p. 18). Segundo o grande filósofo germânico, presenciamos tal fato na crise da *polis* grega e na decadência da vida pública e política de Roma (idem, p. 19).

Quanto à afirmação que relaciona a filosofia ao Espírito do tempo [*der Geist der Zeit*], as coisas são mais complexas. Vejamos um pouco mais de perto este princípio. A filosofia não pode estar acima de seu tempo, pois ela é a consciência de seu tempo, "totalmente idêntica com o Espírito do seu tempo". No entanto, não podemos ver aqui um reducionismo simplista, segundo o qual a consciência de uma época é apenas o reflexo imediato do momento histórico em que se insere. Barata-Moura nos alerta que:

> É indispensável atentar em que, no quadro desta concepção hegeliana, não nos encontramos de todo em presença de um "reducionismo"

estreito, em que a especificidade do filosófico se desvaneceria, através de uma mecânica remissão resolutiva para o aleatório de instâncias e elementos meta-filosóficos que no tabuleiro empírico da história a condicionam, quedando-se ela por mero efeito (secundário, ainda que sofisticado) de simples "tradução" (Barata-Moura, 2010, p. 92).

A solução apresentada pelo filósofo lusitano é bastante pertinente ao nosso tema. A relação entre os diferentes momentos da realidade e a filosofia própria de um tempo se articula em uma dimensão maior e em movimento, sem a qual qualquer afirmação sobre um suposto "Espírito do tempo" se tornaria uma abstração vazia. Hegel coloca nestes termos a questão:

> A relação [das Verhältnis] da história política, [das] constituições do estado [Staatsverfaussungen], [da] arte, [da] religião, com a filosofia não é, por isso, a de que elas fossem causas [Ursachen] da filosofia, ou inversamente, [a de que] esta [fosse] o fundamento [Grund] daquelas; mas, antes, [a de que] todas elas juntas [alle zusammen] têm uma e mesma raiz comum [gemeinschaftliche Wurzeli]: o Espírito do tempo. (Hegel [1825/26], p. 74 apud Moura, 2010, p. 93).

O que se quer resgatar aqui é que, se a consciência do mundo está inseparavelmente presa a seu mundo e tempo, este princípio hegeliano aqui apresentado não pode ser compreendido como um olhar melancólico em direção ao passado, mas necessariamente aberto ao futuro, alertando-nos contra tentações, como afirma Barata-Moura, de confinar o pensamento a meros "[...] reaquecimentos de uns quantos filosofemas envelhecidos" (Barata-Moura, 2010, p. 95), ou, como dizia Hegel, como múmias que trazidas para entre os vivos não podem entre eles sustentar-se[1].

---

1. "Mumien unter das Lebendigen gebracht, können unter diesem nicht aushalten", Hegel, *Einsleitung in die Geschuchte der Philosophie, Synopsis des Manuskripts* [1820], p. 50; apud Barata-Moura (2010, p. 96, nota 46).

Trata-se de respostas presentes ao tempo presente, e os tempos são sempre outros em seu eterno devir. Nossa tentação é contentarmo-nos com algumas certezas que construímos até aqui. Consideramos nosso tempo como o agudo desenvolvimento do Modo de Produção Capitalista que gera as contradições e as condições materiais para sua superação na direção de uma nova ordem societária, o que é verdade. No entanto, o cenário presente no qual se insere esta contradição apresenta problemas particulares, próprios de nossa época, questões que não podem encontrar resposta adequada em nenhum "filosofema envelhecido".

Podemos resumir a substância desta particularidade presente em três constatações preliminares: a) a universalização do Modo de Produção Capitalista, a generalização da forma mercadoria e a forma atual do padrão de acumulação de capital se fazem acompanhar de um grau de destrutividade inédito, capaz de inviabilizar a vida humana no planeta, senão o próprio planeta; b) esta destrutividade se expressa no máximo desenvolvimento da forma monopólica e sua conversão em Imperialismo, numa forma Estatal político-militar a serviço da constante exportação de capitais e sua consequente partilha e repartilha das áreas de influência, assumindo novas configurações além do Estado-Nação, sem, contudo, poder superar a forma nacional como condição de organizar e manter as condições de exploração da força de trabalho; c) tal configuração da acumulação de capitais e das formas políticas instituídas que a ela correspondem implica uma nova configuração da classe trabalhadora e de sua subjetividade, impactando sobre as formas de luta e resistência contra a exploração do capital, mas não apenas, incidindo mesmo sobre a subjetividade histórica no que diz respeito aos objetivos a serem alcançados e às formas societárias desejadas.

A combinação destas três constatações pode nos levar a um paradoxo que creio seja a marca de nosso tempo: o capitalismo mundial é absolutamente incapaz de garantir a continuidade da vida humana no planeta em condições mínimas de existência para a maioria da humanidade, no entanto, é altamente eficaz para garantir sua continuidade contra o seu principal inimigo de classe. Tal constatação não nos permite descartar o cenário no qual o fim deste mundo seja, de fato, o fim do mundo. A vã convicção hegeliana em uma indestrutibilidade da substância humana no devir infinito das eras encontra em nosso tempo algo novo, isto é, se no tempo de Hegel falávamos no trânsito para uma nova era, hoje é possível que estejamos diante efetivamente do fim.

É comum atribuir a Marx esta convicção otimista de Hegel quanto ao devir. De certa maneira, ela de fato está presente no pensamento de nosso autor preferido, mas o materialismo do revolucionário alemão e sua compreensão da história centrada na luta de classes coloca-o numa posição distinta daquela que caracteriza o velho mestre que buscava superar. A dialética da superação das formas históricas é determinada, para Marx, pelas condições materiais, mas se realiza na esfera da ação de um sujeito histórico, o que abre a possibilidade da derrota. Isto fica claro na passagem famosa no *Manifesto comunista*, escrito com Engels, no qual os dois afirmam peremptoriamente que a guerra entre as classes terminou sempre "[...] por uma transformação revolucionária da sociedade inteira, ou pela destruição das suas classes em luta" (Marx; Engels, 1980, p. 8). Poder-se-ia objetar que esta derrota e a destruição das classes eram vistas pelos autores como um momento no curso do processo de mudança social, mas que eles não estariam se referindo ao fim da sociedade humana. É provável que sim, no entanto isto reforça nossa hipótese de que o cenário do início do século XXI coloca uma questão que, para os pensadores do século XIX, não se apresentava como um problema.

A diferença marcante é que a intencionalidade histórica para Marx é algo humano, não se remete a nada fora disso, portanto seu destino está preso ao ser que o protagoniza, e é este ser, ou as condições que tornam possível sua existência, que estão ameaçadas. Marx acreditava, e gostaríamos de acreditar também, que a forma capitalista não apenas desenvolve as condições de uma sociabilidade a serviço da valorização do valor que produz as bases para a reificação e, portanto, a desumanização do humano, como também gera as condições que tornam possível sua superação.

Analisemos um pouco mais detidamente as três constatações que nos servem de hipótese.

Sob o manto enganoso da ideologia, nossa época tenta se apresentar como pós-industrial ou pós-capitalista. No entanto, a evidência é de que estamos envoltos em uma forma societária que levou ao paroxismo as características constitutivas do capitalismo. Seja pela intensa e generalizada mercantilização da vida, seja pela predominância das relações sociais de produção assalariadas, da centralidade da propriedade privada de tipo capitalista/burguesa, seja pela acumulação privada da riqueza socialmente produzida e, o que é polêmico para alguns (Kurz, 2014), pela predominância da lei do valor.

O fato é que a humanidade foi colocada a serviço da valorização do valor, direta ou indiretamente. O cenário no qual atua hoje o capital é o mundo integrado pelo mercado mundial e pelos meios de produção e circulação que integram e subordinam todas as formações sociais existentes à rede comum da produção e da circulação de mercadorias e do dinheiro. Não deve nos espantar o fato de que no interior desta subordinação, o capital utilize uma parte da população diretamente na valorização, enquanto utiliza outros segmentos nas funções de circulação e reprodução, condenando o restante à superpopulação relativa, essencial ao bom funcionamento do capital; seja aquela que assume a forma de exército industrial de reserva, da população latente — que serve de depositário de uma população que pode ser incorporada à força de trabalho de reserva ou na ativa —, assim como aquilo que Marx identificou como a parte estagnada da superpopulação relativa, isto é, aqueles que, sendo expropriados, não são incorporados diretamente aos diferentes momentos econômicos ligados à vida das mercadorias (Marx, 2013, p. 704 e ssg.).

A qualidade particular de nossos tempos é que isto não se refere à composição da população nas diferentes formações sociais, mas pode se apresentar no quadro mundial na configuração geopolítica das nações.

A dramaticidade desta configuração só pode ser compreendida se considerarmos que o capital que toma conta do mundo, diferente do mito ideológico liberal, é um capital monopolizado, isto é, altamente concentrado e centralizado, colocando a população mundial a serviço de um pequeno grupo de proprietários dos meios de produção monopólicos, assim como seus aliados imediatos, que cumprem diferentes papéis a serviço da valorização (comerciais, financeiros, serviços etc.), como, também, a garantia das condições de reprodução.

Nessas condições, o capital mundial assume um caráter eminentemente destrutivo (Mészáros, 2002). Não apenas pela evidente necessidade de encurtar o tempo entre a produção e o consumo, exaurindo os recursos naturais do planeta, mas pelo consumo predatório da força de trabalho, pela intensificação da exploração, pela subordinação da ciência e da tecnologia ao princípio da obsolescência programada, e, principalmente, pela natureza da crise do capital e suas consequências. Em poucas palavras, o capital é uma força nas condições contemporâneas, que só pode garantir sua existência destruindo em larga escala as forças produtivas materiais.

Estamos diante da constatação da validade de uma das premissas marxianas: a contradição entre o desenvolvimento das forças produtivas materiais e a forma das relações sociais de produção, dentro das quais estas forças haviam se desenvolvido até então. Nenhum modo de produção antes do capitalismo reuniu as condições para que esta contradição ameaçasse a continuidade da espécie, mas o capitalismo o fez. Sua dimensão mundial, o grau de subordinação de todas as esferas da vida ao fulcro de sua necessidade vital de valorização, o fundamento tecnocientífico de sua forma de produção e o papel da guerra em seu sociometabolismo credenciam-no a este papel pouco louvável.

Devemos agora passar à segunda constatação, aquela que este momento material econômico se apresenta em uma forma política que lhe corresponde. De certa forma, o momento da passagem para o monopólio e sua conversão em imperialismo corresponderam a duas necessidades: a organização da partilha do mundo entre as potências capitalistas — e o meio disso foi a guerra —, mas também um correlato político importante, qual seja, a formação de uma aristocracia operária no centro e a transferência das condições mais agudas da exploração para a periferia do sistema.

Esta dualidade não é uma dicotomia, mas uma unidade articulada de formas aparentemente opostas: democracia no centro e ditadura na periferia. Ora, o capitalismo atual não apenas aplainou as diferenças planetárias, subordinando tudo ao processo de valorização, mas, ao proceder desta forma, sincronizou, cada vez mais, os ciclos da crise que é constitutiva desse modo de produção. O quadro atual parece demonstrar que o fim do equilíbrio temporário na luta de classes, em grande medida tornado possível pelo equilíbrio militar presente na chamada "guerra fria", abre caminho para uma certa homogeneização das formas políticas, de maneira que o centro é obrigado a assumir formas cada vez mais repressivas e antidemocráticas.

Enquanto isso, a periferia passa a vivenciar formas explícitas de barbárie, como se vê na generalização da guerra de rapina imperialista na Síria, no desmonte de países como a Líbia, na destruição da África, no triste cenário da América Latina etc.

No processo tradicional de guerra e conquista, uma potência invade outra nação e a ocupa militarmente, colocando sua população a seu serviço, saqueia suas riquezas, impõe formas de governo sob seu controle, impõe sua cultura. Hoje presenciamos uma situação inusitada. Nossos países estão ocupados, nossas populações escravizadas pelo amo do capital, nossos governos são ficções que, servil e docilmente, se curvam às demandas dos organismos econômicos mundiais e de seus planos de "austeridade", enquanto a riqueza produzida sangra para o centro do sistema, deixando atrás de si um rastro de destruição e miséria. Mas não se trata de uma situação advinda de uma derrota ou ocupação militar (salvos as exceções explícitas, como o Iraque, por exemplo). Na maioria dos casos, este brutal domínio se dá por meios econômicos e financeiros, diríamos nós, imperialistas.

Nossas nações são áreas de influência, locais de destino da exportação de capitais e resgate de mais-valia em escala gigantesca. Ora, esta forma econômica exige uma forma política bizarra. Trata-se de um sistema econômico mundial que se articula com espaços nacionais de exploração, que, por sua vez, exigem uma organização hierárquica do trabalho, um ordenamento jurídico próprio, formas de controle e repressão adequados, em poucas palavras, um Estado Nacional (Mészáros, 2002).

Toda a teoria política se fundamenta no cenário do Estado Nação. Lembremos das dificuldades teóricas de Hugo Grotius em traduzir para o plano internacional as premissas hobbesianas. Isso significa que estamos diante de uma ordem mundial, articulada e dinamicamente internacional, que não pode prescindir dos Estados Nacionais, ao mesmo tempo que os esvazia de sua legitimidade e funcionalidade próprias.

O imperialismo, forma última e degenerada do modo de produção capitalista na fase mais avançada dos monopólios (Lenin, 1976), não pode mais se expressar na dualidade democracia no centro e ditaduras na periferia, pois o grau de concentração levado ao máximo no teatro de um sistema mundial coloca o poder econômico nas mãos de uma minoria cada vez mais restrita aos círculos dos poucos que se beneficiam da ordem do capital. A forma política vai se degenerando, cada vez mais, em uma plutocracia, e o Estado tem que incorporar como instrumentos cotidianos e permanentes aqueles dispositivos antes destinados a períodos de exceção, levando àquilo que alguns, como Agamben (2005), chamarão de Estado de Exceção.

Algo muito diverso do cenário idílico que a ideologia projetava, segundo o qual a democracia do centro se estenderia aos poucos à periferia.

Temos que voltar por um momento àquilo que foi afirmado. A ordem capitalista, seja nos espaços das formações sociais existentes, seja em sua dimensão mundial, é uma ordem monopólica que exige uma configuração do Estado que dê conta de ações direta ou indiretamente econômicas, assim como tarefas próprias no âmbito da reprodução e das formas de legitimação desta ordem (Netto, 2006). O mito neoliberal do afastamento do Estado ou de sua diminuição é uma falácia, uma vez que o capital não pode transitar de volta para a livre concorrência e para a conformação do chamado Estado "guarda-noturno", apenas preocupado em manter a ordem e as condições extraeconômicas da concorrência.

Nas condições presentes, o Estado, totalmente submetido aos ditames do capital imperialista parasitário, não pode conviver com a forma das políticas públicas e os direitos ditos sociais. Esta era uma forma adequada ao momento de expansão do capital imperialista, mas que se torna inadequada ao seu estágio máximo de desenvolvimento. Sua nova forma exige uma configuração de políticas sociais sustentadas com aquilo que sobra dos fundos públicos depois do saque operado pelo capital financeiro/imperialista. Políticas sociais compensatórias, focalizadas e gotejadas, que perdem seu caráter "universal", para assumir explicitamente sua prioridade de dirigir-se às manifestações mais agudas da miséria absoluta (Iamamoto, 2008; Bering, 1998).

A evidente insuficiência desta forma das políticas sociais tem que ser acompanhada de uma intensificação dos meios de controle e repressão da pobreza e da miséria, daí a criminalização da pobreza e da luta dos pobres e dos trabalhadores. No mesmo momento em que as características do "Estado de Exceção" se apresentam no centro, na periferia onde este Estado já era a regra, explode o genocídio, o extermínio e a violência explícita.

Por fim, chegamos à nossa terceira constatação. Como resistem e reagem, neste quadro, os trabalhadores? Ainda, com base nesta resistência, podemos pensar a possibilidade de superação da ordem e a perspectiva de transformação revolucionária da sociedade capitalista?

Comecemos por constatar que, em meio a esta objetividade massacrante descrita, temos de ressaltar uma outra dimensão que marca a experiência subjetiva de nossa classe nesses tempos difíceis: a derrota política.

Vivemos em uma época de contrarrevolução. Este não é um fato novo. Marx já descrevia a época da revolução proletária como um longo processo de lutas nas quais os trabalhadores "[...] parecem derrubar seu adversário apenas para que este possa retirar da terra novas forças e erguer-se novamente, agigantado" (Marx [1851/52], [19--], p. 206). O contexto presente acrescenta, entretanto, uma particularidade a esta constatação. A forma da acumulação de capitais descrita aqui brevemente produziu um efeito material na classe trabalhadora, em linhas gerais: sua fragmentação, descentralização, imposição de novas formas contratuais e de condições de trabalho altamente precarizadas, diluição do núcleo central produtivo num oceano de segmentos e frações de classe que compõe a superpopulação relativa (Antunes, 2011).

Marx ([1847], 2009) trabalhava com a hipótese de que o modo de produção capitalista concentrava e organizava os trabalhadores, colocando-os em condições comuns de existência e tornando possível que, diante da opressão do capital, pudessem desenvolver formas de luta comum, ampliando interesses comuns, portanto, constituindo-se enquanto classe. Estas lutas, inicialmente locais e pontuais, se tornariam cada vez mais gerais, constituindo a base para a formação do proletariado enquanto classe, que pode se tornar consciente de seu potencial papel como sujeito de uma alternativa societária contra e para além da ordem capitalista.

Estamos convencidos da validade desta hipótese, no entanto, é inegável que ela hoje se dá em um cenário que coloca dificuldades evidentes. Diante da atual forma de acumulação capitalista, da nova "morfologia" da classe trabalhadora, fortalecem-se as determinações que prendem a classe no seu momento inicial de serialidade, isto é, na situação na qual os trabalhadores ocupam o mesmo lugar, desenvolvendo práticas comuns, sem que constituam uma classe, mas se vejam reduzidos à pluralidade de indivíduos isolados (Marx, 2007, 2013; Sartre, 1979).

A particularidade presente se agrava pelo aspecto que acabamos de descrever relativo à forma política. O máximo da concentração e centralização da produção e da consequente concentração da riqueza, levando ao que chamamos aqui, seguindo Chomsky[2], de plutocracia, cria uma situação na qual a realidade imediata da exploração, as formas de resistência e as lutas dos oprimidos ficam física e politicamente muito distantes do pequeno grupo de poder que se beneficia da ordem capitalista.

Gera-se a impressão aparente de que as lutas são todas pulverizadas e acabam em nada, deixando pouco acúmulo para a seguinte. As mediações entre as lutas imediatas e as explosões maciças da revolta da classe trabalhadora parecem perder as mediações que as constituem. O nexo que explicaria a natureza das contradições de nossa época acaba se dissipando numa casualidade sem determinações, levando-nos a problematizar a frase de Hegel que nos serve de epígrafe: uma característica de nosso tempo é que não está nada fácil percebermos que se trata do trânsito para uma nova época, ainda que fique evidente a agonia da atual sociedade.

Esta situação é incompreensível sem um fenômeno que reputamos essencial para a compreensão de nossos tempos: a ideologia. Vivemos uma época de crise ideológica, nos termos em que Marx e Engels (2007, p. 283) definiram como uma época de "hipocrisia proposital", época na qual se acusa a contradição entre as forças produtivas e as relações sociais de produção e que tem por consequência o fato de que as ideias, que antes correspondiam a uma ordem de relações nas quais os interesses particulares de uma classe eram apresentados como universais, tornam-se nesse contexto ideias não correspondentes, inautênticas. Entretanto, alertam os autores, quanto mais elas são desmentidas pela vida, mais são resolutamente defendidas pela antiga classe dominante que agoniza, de forma hipócrita, moralista e sagrada.

---

2. Fala de Noam Chomsky no Fórum Mundial da Mídia, na Alemanha, em que afirmou que os EUA não são uma democracia, mas uma plutocracia. Diz Chomsky: "Cerca de 70 por cento da população, 70 por cento que está em um nível inferior em termos de riqueza / renda, não tem qualquer influência sobre a política. Então, o termo apropriado para isso não é democracia, mas plutocracia". Disponível em: https://blogacritica.blogspot.com/2013/08/noam-chomsky-os-eua-nao-e-uma.html. Acesso em: 20 maio 2022.

A outrora teleologia histórica, que, segundo a ideologia burguesa conduziria a todos ao melhor dos mundos, tem que ser substituída por uma concepção na qual a história não tem sentido algum, os valores e conceitos gerais, que se esforçavam para dar unidade abstrata à disparidade entre os seres reais que constituíam o solo real da sociedade civil burguesa, esvanecem-se em meros jogos de palavras, dando lugar ao elogio da fragmentariedade, do acaso, do descontínuo. A razão se converte em desrazão, em irracionalismo. A modernidade em pós-modernidade.

Para nós, esta é apenas a expressão ideal daquilo que no tempo é. O Espírito de um tempo sem espírito, de um mundo que, tendo realizado a intencionalidade de uma classe particular que só podia almejar uma universalidade abstrata — pois seu ser é em si a expressão de um particularismo bem determinado no qual é impossível uma universalidade substantiva —, deságua numa catástrofe monumental. É fundamental para a ordem burguesa diluir agora sua catástrofe, como se fosse o ocaso da humanidade, da mesma forma que imaginava em sua ideologia, que seu destino era a humanidade.

Mas, que assim proceda a burguesia, restrita hoje a quase uma casta (ainda que não perca suas determinações de classe), é compreensível. O verdadeiro mistério é a razão pela qual o proletariado sucumbe a esta ideologia. A resposta não é simples.

Alguns imaginam encontrar a resposta na simples constatação de que o imenso poder econômico e político da classe dominante lhe confere o controle dos meios de produção e distribuição das ideias que acabam por se impor como hegemônicas. Marx e Engels (2007, p. 47) compartilham desta constatação, mas vão muito além dela. A força da ideologia reside no fato de que as ideias dominantes são a expressão ideal das relações sociais dominantes, "[...] são a expressão das relações que fazem de uma classe a classe dominante" (idem, ibidem). As classes partilham da mesma relação que as define, não existe uma relação burguesa e outra proletária, e esta relação comum que, uma vez interiorizada na forma de valores, ideais, concepções de mundo, juízos etc., configura uma particular consciência social que predomina em determinada época. O que distingue a ideologia enquanto tal da mera consciência social de uma época é que a ideologia é um instrumento de dominação de uma classe sobre outra, que opera ocultando, invertendo, naturalizando, justificando, apresentando um aspecto particular como se fosse universal.

Isso significa que a consciência como hipocrisia deliberada é expressão da crise da sociedade burguesa, mas a ideologia opera ocultando as determinações que permitiriam estabelecer os nexos causais e as mediações entre esta expressão ideal e suas determinações que residem nas relações sociais que constituem nossa atual sociabilidade. Da mesma maneira que, ao incorporarmos vivencial e afetivamente as relações sociais nas quais estamos inseridos na forma de uma determinada visão de mundo que julgamos nossa, a consciência proletária de nossa época julga a crise pela qual passamos como uma crise universal, da sociedade, da humanidade, e não como de fato é, uma crise da sociedade capitalista.

Os meios de comunicação, os aparatos privados de hegemonia, o mundo científico e acadêmico, e a organização da cultura repercutem estas relações convertidas em valores, fazem-nos circular, dotando-os de legitimidade, mas não são eles que os criam, nem podem fazer com que os trabalhadores os incorporem como suas as ideias que constituem a visão de mundo de seu inimigo. Estes valores, enquanto expressão das relações sociais dominantes, têm que ser vividos no corpo das relações que constituem o cotidiano, a família, as relações afetivas, uma forma predominante de sexualidade, na organização do trabalho, na produção e reprodução material da vida.

Parafraseando Marx (2005), este Estado, esta religião, este Espírito do tempo são uma consciência invertida do mundo porque representam a expressão de um mundo invertido. O tempo presente apenas acresceria a esta definição o fato de que se trata de um mundo invertido em crise terminal. Mas o que isso acrescenta no quadro que buscamos determinar?

A agonia do modo de produção capitalista e sua expressão ideológica, a hipocrisia deliberada ou a consciência cínica impõem à classe trabalhadora em sua nova configuração alguns aspectos extremamente problemáticos. Os trabalhadores tendem, nestas condições da crise, a ficar presos a um dos momentos do movimento do seu ser, a fragmentação serializada. A profunda individualização do ser social que presenciamos não é uma simples manipulação ideológica, mas sim uma exigência do capital e da sociedade das mercadorias que demandam que os produtores privados de diferentes mercadorias se apresentem de forma atomizada e apartada, parecendo derivar sua sociabilidade apenas da conexão mediada por suas mercadorias, nas palavras de Marx (2013, p. 147), uma relação entre seres humanos que assume a forma fantasmagórica de uma relação entre coisas.

Em nossos tempos, as pessoas ou países que se encontram sem a mediação da mercadoria e das suas formas simbólicas, como o dinheiro e o capital portador de juros, simplesmente não têm o direito de existir.

O fetichismo e a reificação de nossos tempos não são um produto da crise do capitalismo, mas o ponto máximo de expressão de uma de suas características constituintes. O fetichismo, entretanto, se expressa de uma forma própria do nosso tempo. Podemos dizer que foi muito além do que a da mera constatação que o fetiche, fundado na produção mercantil, tenderia a se alastrar para todas as esferas da vida, como de fato ocorreu. No seu ponto de maior desenvolvimento, o fetichismo passa a constituir o núcleo central da sociabilidade, incidindo de forma decisiva na reprodução e garantia da ordem reificada. O fetiche e a consciência reificada não apenas são a expressão das relações que o determinam, mas seu efeito de volta acaba prejudicando e, no limite, impedindo a constituição do sujeito que poderia superar tais relações.

Assim, o Estado precisa garantir o capital financeiro para que este possa garantir o Estado, ainda que o efeito colateral desta equação seja, literalmente, a destruição física da boa parte da humanidade. A consciência reificada não apenas perdeu o controle de suas objetivações, mas também acredita que nunca o teve e jamais poderá tê-lo. Ora, a ausência de um sujeito capaz de representar diante da negatividade do capital a positividade de uma nova alternativa societária pode nos levar à potencial destruição da aventura humana sobre a terra, ou, ainda, ao quadro prolongado de inflexão civilizatória com graves consequências.

Tal processo não é estranho na história, pois o próprio feudalismo europeu é uma expressão desta possibilidade. No entanto, as determinações no tempo presente apontam para um aspecto muito diverso daquele que esteve presente na desagregação do Império Romano que levou ao medievo. Lá, poderíamos afirmar que inexistia um sujeito cuja intencionalidade e ação política teriam levado ao fim do Império Romano, mas hoje a situação é diversa. O proletariado, pela sua constituição nos séculos XVIII/XIX e suas lutas no século XX, credenciou-se a este protagonismo, materializando as geniais intuições teóricas de Marx. Devemos supor que existiam as bases materiais para tanto, ou seja, não se trata de mera consubstanciação de uma intencionalidade política (lá presente e agora ausente).

Acredito que estamos diante de uma característica de nosso tempo histórico que Marx também antecipou genialmente: existe uma diferença substancial entre a revolução burguesa e a revolução proletária, que consiste no fato que a segunda se apresenta com uma necessária intencionalidade, muito mais marcante que seu antecessor histórico. De certa maneira, a revolução proletária é o resultado consciente de um sujeito que se organiza para tanto. Isto é uma boa e uma má notícia, uma vez que, dependendo da forma e do sentido desta organização, esta revolução pode fracassar, condenando a humanidade à catástrofe.

Tal cenário produz um efeito extremamente deletério na consciência de classe do proletariado. Bensaïd (2013) é quem, a meu ver, melhor descreveu este impacto, quando afirma:

> O radicalismo *chic* dos retóricos da resistência procede de uma tentativa recorrente, em tempos defensivos, de "purificar a contradição" e eliminar toa mediação e representação. Em face de um sistema onipotente, que parece ser capaz de dirigir toda a oposição e integrar toda contestação, trata-se de fazer como se não pertencêssemos a esse mundo, como se pudéssemos acampar alhures, em uma exterioridade absoluta ao círculo vicioso da dominação, livres para substituir os protagonistas reais da

luta histórica por um teatro de sombras, onde se enfrentam não mais as classes ou frações de classes, partidos ou movimentos sociais, mas massas dissidentes informes (plebes, multidões, hordas de cabeludos) e um Estado totalitário concebido à imagem de um Gulag gigantesco (Bensaïd, 2013, p. 21-22).

Como se a representação de um sistema incontrolável produzisse nas consciências de seus opositores uma autoimagem de uma força informe, um não sujeito diluído numa reação espontânea de massas rebeladas. Parece ser uma convicção de nosso tempo que o sistema pode ser derrotado a golpes de manifestações performáticas. No vazio deixado pela ação revolucionária de classe, sob o enganoso manto da novidade de novos sujeitos ou ações antipolíticas sem sujeitos, reapresenta-se a boa e velha política do reformismo gradualista, da crença nas instituições e na esperança de melhoras gradativas que seriam capazes de substituir as rupturas políticas de tipo revolucionárias.

A tragédia da conciliação de classe e de toda sorte de reformismos gradualistas, no Brasil e no mundo, cobrou um grande custo na luta de classes e no caminho da necessária transformação social. As revoluções gêmeas (a Rússia de 1917 e a Alemã de 1918) mostram os dois vetores que se associam a esta possibilidade. Junto com as enormes dificuldades de nosso tempo, apresentam-se grandes possibilidades. Não há mais como pensarmos o proletariado, assim com as contradições que o forjam, como um sujeito meramente nacional. O capital, como negatividade universal, exige uma alternativa mundial, que pouco a pouco vai se anunciando no cenário da crise universal de um sistema que se tornou mundial, com mercado mundial, uma cultura mundial. Entre nós e esta emancipação, erguem-se as poderosas máquinas dos Estados Nacionais como trincheiras avançadas da ordem capitalista global. Somente um proletariado mundial poderá fazer frente à titânica tarefa de enfrentá-los, como primeiro momento de seu enfrentamento decisivo contra o capital.

No entanto, exatamente no momento em que a objetividade anuncia a diminuição dos espaços para reformas e a brutalidade das demandas do capital, revertem em toda a parte as conquistas dos trabalhadores e as alternativas radicais são demonizadas e descartadas como anacrônicas e injustificáveis. A ideologia não é a mera expressão de uma objetividade, ela age sobre o real e apresenta-o aos seres humanos como algo insuperável e, dessa maneira, condiciona ação em uma determinada direção que, em última instância, interessa aos detentores do poder global e sua necessidade de manter o mundo na rota da catástrofe.

A caverna do capital desmorona e obriga os trabalhadores a sair, mas estes ainda não acreditam naquilo que seus olhos veem e seguem utilizando as sombras que se lhes apresentaram no lugar do real, procurando o caminho de volta para a caverna que os aprisionava. Aprendemos duramente com a história que o mundo só avança em suas mudanças quando o caminho de volta se fecha e nos obriga a ir em frente.

Se compreendermos os sinais do presente e aprendemos as lições do passado, talvez estes tempos sombrios de crise e de agonia possam se transformar no primeiro ato da construção do nosso tempo.

> "Não, são outros os tempos.
> Talvez algo aprendemos.
> À noite não apenas sonhamos,
> pelos dias não apenas passamos.
> Sabemos olhar através dos disfarces,
> sob as máscaras o reconhecemos.
> Não nos enganaremos.
> Agora... talvez, seja nosso tempo!"
>
> Mauro Iasi (*Outros tempos*)

Referências

AGAMBEN, G. *Estado de exceção*. São Paulo: Boitempo, 2005.

ANTUNES, R. *O caracol e sua concha*: sobre a nova morfologia do trabalho. São Paulo: Boitempo, 2011.

ARANTES, P. E. *Hegel:* a ordem do tempo. São Paulo: Polis, 1981.

BARATA-MOURA, J. *Estudos sobre a ontologia de Hegel:* ser, verdade, contradição. Lisboa: Avante, 2010.

BENSAÏD, B. *Espetáculo, fetichismo e Ideologia.* Fortaleza: Plebeu Gabinete de Leitura, 2013.

BERING, E. R. *Política social no capitalismo tardio.* São Paulo: Cortez, 1998.

ELIAS, N. *Sobre o tempo.* Rio de Janeiro: Zahar, 1998.

HEGEL, G. W. F. *Introdução à história da filosofia.* São Paulo: Hemus, 1983.

HEGEL, G. W. F. *Fenomenologia do espírito.* 3. ed. Petrópolis: Vozes, 1997

IAMAMOTO, M. V. *Serviço Social em tempo de capital fetiche.* São Paulo: Cortez, 2008.

IASI, M. L. *Outros tempos (poemas).* Rio de Janeiro: Mórula, 2017.

KURZ, R. *Dinheiro sem valor.* Lisboa: Antigona, 2014.

LENIN, V. I. El imperialismo, fase superior del capitalismo. *In: Obras escogidas.* Moscú: Editorial Progresso, 1976. v. 5.

MARX, K; ENGELS, F. *Manifesto comunista.* 3. ed. São Paulo: Ched Edit., 1980.

MARX, K; ENGELS, F. *A ideologia alemã.* São Paulo: Boitempo, 2007.

MARX, K. *O capital.* São Paulo: Boitempo, 2013. v. 1.

MARX, K. *Miséria da filosofia* [1847]. São Paulo: Expressão Popular, 2009.

MARX, K. 18 Brumário [1851/52]. *In: Obras escolhidas.* São Paulo: Alfa-Ômega, [19--]. v. 1.

MARX, K. *Crítica à filosofia do Direito de Hegel* [1843]. São Paulo: Boitempo, 2005.

MÉSZÁROS, I. *Para além do capital.* São Paulo: Boitempo, 2002.

NETTO, J. P. *Capitalismo monopolista e Serviço Social.* 5. ed. São Paulo: Cortez, 2006.

SARTRE, J. P. *Crítica de la razón dialectica.* Buenos Aires: Losada, 1979. v. 2.

Consciência e pertencimento de classe na nova configuração do trabalho*

> *"É aqui que encontramos o elemento mais importante da ideologia irracionalista: transformar, mistificando-a, a condição do homem do capitalismo imperialista em uma condição humana geral e universal."*
>
> G. Lukács

As profundas mudanças que se deram na organização capitalista do trabalho, alterando a forma e a configuração da classe trabalhadora, teriam alterado as bases daquilo que se denominou como consciência de classe? Para alguns autores, esta é uma constatação empírica inquestionável em dois níveis fundamentais de análise: primeiro, pelo fato de que as mudanças ocorridas representariam algo além da sociabilidade capitalista, uma sociedade pós-industrial, nos termos de Bell (1977), levando ao fim da centralidade do trabalho e da própria determinação das classes; segundo, pelo fato de que as alterações

---

* Publicado originalmente em *O avesso do trabalho IV, terceirização: precarização e adoecimento no mundo do Trabalho*, organização de Vera Lúcia Navarro e Edvânia A. S. Lourenço. São Paulo: Outras Expressões, 2017, p. 121-142.

na sociabilidade imporiam uma nova identidade e um novo tipo de pertencimento, que não mais se daria em torno do trabalho e das posições diante da propriedade e das relações sociais, portanto, como identidade de classe.

Habermas, ainda que não deixe de reconhecer a existência das classes na sociedade capitalista contemporânea, afirma que os conflitos da atual sociabilidade se dão em torno de outras esferas, mais ligadas ao que denomina de "[...] âmbitos da reprodução cultural", ou ainda, no campo do "agir comunicativo" (Habermas, 1990)[1].

Estamos convencidos de que vivenciamos na passagem do século XX para o XXI um grande esforço ideológico no sentido de encobrir, por meio de alterações significativas da forma da exploração e acumulação capitalista, as determinações mais profundas que permanecem inalteradas nesse modo de produção e na sociabilidade que lhe corresponde (Iasi, 2009, 2013). Entretanto, sabemos que as alterações da forma não são irrelevantes, pelo contrário, o caminho de nossa análise reside em perquirir os caminhos que nos levam da aparência até suas determinações mais profundas e, de volta, à indagação essencial: "Por que este conteúdo se expressou nesta forma particular?". Para Marx (2013, p. 147-151), a forma é sempre uma "forma socialmente necessária" ou "socialmente válida".

No tema em questão, chama-nos a atenção que a sociabilidade contemporânea precisa apresentar-se como algo que se estrutura além das determinações de classe e, o mais importante, centrada na afirmação de que as identidades coletivas e as formas de pertencimento apresentam-se pulverizadas em uma miríade de novas e diversas fontes de identidade no interior da qual o pertencimento de classe não é mais que uma forma particular e secundária.

Lukács (1979, p. 57), na frase que nos serve de epígrafe a este texto, nos lembra de que a ideologia irracionalista tenta mistificar a condição

---

1. Ver também Habermas em seu trabalho *Theorie des kommunikativen Handelns* (Frankfurt am M.: Suhrkamp, p. 576, v. 2.) (*Teoria do agir comunicativo*. v. 2. São Paulo: Martins Fontes, 2012), além do interessante estudo sobre o tema de Leopoldo Waizbort, "Classe social, Estado e ideologia", na revista *Tempo Social* (Waizbort, 1998, p. 78-79).

atual do ser humano, transformando-a de uma situação particular em manifestação da condição humana geral e universal. A mistificação ideológica opera aqui ocultando uma série de mediações essenciais para compreender as determinações e a gênese da forma através da qual se expressa uma determinada substância. No nosso caso, não se trata de questionar a veracidade ou falsidade da forma na qual a consciência de classe aparece subsumida em uma diversidade de pertencimentos e identidades particulares, mas sim de indagar que tipo de sociabilidade e em que momento de seu movimento próprio esta pulverização encontra suas determinações mais profundas, fazendo o caminho de volta, inquirindo sobre a necessidade desta particular forma de expressão[2].

Comecemos pela forma de expressão dos processos de pertencimento e pela identidade que deles derivam na contemporaneidade. Vemos em nossos dias uma profunda serialização, isto é, as formas coletivas estão marcadas por uma práxis reificada, aquilo que Sartre (1979, p. 258) denominava de "antipráxis", indicativo de que a ação dos seres humanos se objetivou em algo que se lhes é estranho, num resultado, uma ação coletiva que se objetiva em algo que a nega. Os seres humanos partilham de seus espaços e destinos sem que produzam algo além da coexistência. Diz Sartre:

> Trata-se de um conjunto de pessoas que ainda não se pode dizer se, como tal, é resultado inerte de atividades separadas ou uma realidade comum que ordena os atos de cada um, ou uma organização convencional ou contratual. Estas pessoas — de idade, de sexo, de classe, de formas muito distintas — realizam na banalidade cotidiana a relação de solidariedade, de reciprocidade e de unificação pelo externo (de

---

[2]. A respeito deste percurso metodológico, ver Marx (2008, p. 255 e seguintes) em seus estudos sobre o *Método da economia política*, também publicado em seus *Grundrisses* (2011, p. 54-55). Ver também a instigante contribuição de Zizek (1996, p. 300-301), que vê nesta postura metodológica de Marx um ponto de aproximação com o procedimento da psicanálise de Freud, notadamente em seus estudos sobre a interpretação dos sonhos, o que levará Lacan à sua famosa e surpreendente afirmação de que teria sido Marx os inventor do "sintoma" (Lacan, 1975 *apud* Silveira, 2002, p. 119).

massificação pelo exterior) que, por exemplo, caracteriza os cidadãos de uma grande cidade quando estão reunidos, sem estar integrados pelo trabalho, pela luta ou qualquer outra atividade em grupo organizado que lhe seja comum (Sartre, 1917, v. II: 396 — tradução do autor).

O filósofo francês completará seu raciocínio afirmando que estaríamos diante de uma "pluralidade de solidões", de pessoas que não dirigem aos outros a palavra e, em geral, nem mesmo se observam, apenas existindo uma ao lado da outra sem se notarem de fato, como se fossem personagens do romance de China Miéville que habitam duas cidades que se sobrepõem uma à outra e nas quais é proibido cruzar as fronteiras, de forma que desde pequenos os cidadãos de U'Quoma aprendem a "desver" as pessoas de Beszel e vice-versa (Miéville, 2014).

Esta pluralidade de seres solitários, expressão de um profundo individualismo, não se reduz a indivíduos isolados coabitando o mesmo espaço, mesmo os "coletivos" ou grupos exercem suas funções apenas coexistindo, cindidos, muitas vezes invisíveis. É possível seguir em sua atividade de ser que se crê único quando o garçom cumpre sua tarefa de forma que nem se nota ou a faxineira desenvolve sua lida; em casos graves, é possível um professor percorrer toda uma carreira universitária sem se dar conta de que ali também havia funcionários e, em casos mais patológicos, estudantes. É provável que algumas pessoas passem pela vida, em sua "banalidade cotidiana", vestindo-se, alimentando-se, consumindo toda sorte de parafernálias tecnológicas, sem se dar conta daqueles que a produziram, sem estabelecer a conexão entre certos serviços e bens, e aquela gente feia e pobre que desvaloriza o bairro e que incomodamente polui a cidade com sua existência estética duvidosa.

Nestas condições, os processos de pertencimento se fragmentam e acompanham dois vetores fundamentais da serialidade. De um lado, o presentismo imediatista, que faz com que os vínculos sejam, essencialmente, aqueles presenciais; por outro lado, o caráter fluido dos vínculos leva a uma identidade igualmente fluida e fugaz, naquilo que Bauman (2001) denominou de modernidade líquida.

As pessoas navegam por uma variedade de esferas de valor, econômicas, religiosas, estéticas, eróticas, jurídicas, científicas, afetivas, esportivas e muitas outras, entre as quais vai produzindo uma identidade multifacetada. Weber (1979a), ao tratar daquilo que denominou de autonomização das esferas de valor, preocupava-se com os processos que diminuíam a importância do carisma pessoal em decorrência da padronização e homogeneização da ação social, como na burocracia e na disciplina (Weber, 1979b). Para o sociólogo compreensivo, tal fenômeno revelava uma preocupante restrição do espaço de liberdade do indivíduo, no entanto, paradoxalmente, o quadro atual nos coloca diante de uma situação na qual o máximo da padronização e da organização culmina com o máximo do individualismo e da serialidade.

Talvez a expressão mais acabada desta sociabilidade e sua forma de manifestação sejam as chamadas redes sociais. Nelas, por meios digitais, as pessoas isoladas no espaço se encontram na virtualidade de "relações" mandando recados, emitindo opiniões, gostando ou não de outros comentários e imagens, fazendo amigos e inimigos, formando comunidades e grupos, tudo isso sem, na maioria dos casos, nunca se encontrarem de fato. Como já afirmei em outra oportunidade, é uma relação entre seres humanos que se apresenta na forma fantasmagórica de uma relação entre *smartphones*[3].

As identidades variadas e múltiplas coexistem como se boiassem no vazio, sem uma determinação mais abrangente, como se o único nexo fosse o próprio processo identitário em si mesmo, isto é, a singular

---

3. "E não se iludam: isso acontece até mesmo em nossos espelhos tão queridos. Nas 'redes sociais' em que filtramos os amigos para que nossas ideias pareçam ter eco em muitos outros que pensam o mesmo. Aí vai mais um *post* para que você se indigne, ou se emocione, ou ria, ou se revolte. E se gostou, curta e compartilhe nesta incrível relação entre seres humanos que se apresenta na forma fantasmagórica de uma relação entre *smartphones*". (Iasi, M. Violência e ideologia, coluna no blog da Boitempo. Disponível em: https://blogdaboitempo.com.br/2015/06/03/violencia-e-ideologia/. Acesso em: 28 maio 2016, publicado também em Iasi, M. *Política, Estado e ideologia na trama conjuntural*. São Paulo: ICP, 2017, p. 268).

relação entre o indivíduo e os valores que escolheu para conformar sua autoimagem. As formas coletivas comuns são apenas acidentes resultantes de iniciativas singulares. A serialidade é travestida valorativamente por termos como "multiplicidade", "pluralidade" e outros que apontam para um juízo positivo contra a indesejável padronização e homogeneização.

Neste cenário, a consciência de classe seria quase uma impossibilidade. No registro mais agudo daqueles que imaginaram o fim das classes, por motivos óbvios, pois, não havendo mais classes, não seria imaginável uma consciência que sobrevivesse ao ser que desapareceu. No entanto, mesmo os mais delirantes adeptos do fim da centralidade do trabalho não chegaram a ponto de afirmar que as diversas atividades que constituem a prática humana de produzir sua existência tenham sido abolidas por completo. Por um tempo se afirmou algo parecido, mais como um devir lógico do que uma efetividade, ou seja, dado o atual desenvolvimento tecnológico e seus eventuais desdobramentos, seria possível imaginar, como Hanna Arendt (2000, p. 12), que, dentro de algumas décadas, as fábricas estariam esvaziadas. O que nos parece mais provável é que os críticos da centralidade do trabalho acabam por aceitar que as diversas formas particulares de trabalho, profundamente alteradas pela nova configuração da acumulação capitalista pós-fordista, se inscrevam no quadro da pulverização existente, de forma que a identidade pelo trabalho seja apenas mais uma na serialidade detectada e, ela também, marcada pela pluralidade de situações possíveis.

Traço comum desta crítica é o fato que, seja como for, a identidade que emerge da condição do trabalho não seria mais central, nem teria o poder de determinar ou conformar uma visão de mundo agregadora de práticas homogêneas e ações societárias, como pensava Weber e, muito menos, base para o desenvolvimento de uma consciência de classe e de um sujeito histórico revolucionário, como pensa o marxismo. A consciência de classe perderia seu *status* ao mesmo tempo que o mundo do trabalho perde sua predominância em relação a outras esferas, notadamente a esfera normativa ou a da reprodução cultural.

O pertencimento de classe — como trabalhador, burguês, pequeno-burguês ou camponês — nos levaria, no quadro de referência anterior, à adesão a determinados valores, ideias, juízos, que acabariam por constituir uma visão social de mundo, ao mesmo tempo que daí derivariam formas de conduta, adesões políticas e organizativas e até mesmo padrões culturais de família, relacionamentos afetivos, preferências esportivas, gostos estéticos etc. Evidente que há uma simplificação caricatural aqui, mas sabemos o quanto esta simplificação foi amplamente usada no debate acadêmico e político.

Contrapondo à caricatura, pode se apresentar algo com uma pretensa complexidade, supostamente mais capaz de dar conta conceitualmente do real. O trabalho desce à cadeia de fontes particulares de identidade, uma a mais ao lado de todas as outras, sem que nenhuma delas pudesse reivindicar o privilégio de destacar-se como fundamento da identidade e do pertencimento, de maneira que, no quadro contemporâneo, estaríamos diante de múltiplas identidades e pertencimentos que, no limite, são tantas quanto as possibilidades de interface do indivíduo com as múltiplas esferas de valor. Poderíamos ter um operário, torcedor do São Paulo Futebol Clube, praticante do amor livre e firmemente convicto das virtudes da família monogâmica, com gostos estéticos convencionais, metaleiro quanto ao estilo musical, conservador na política e sindicalizado. Da mesma forma, teríamos burgueses progressistas na política, agnósticos quanto à religião, conservadores quanto às formas de família, apreciadores de uma boa roda de samba, amantes de coisas e pessoas requintadas e de bom gosto, que apreciam coisas simples e se vestem casualmente quando viajam para a Europa ou esquiam em Aspen.

Não devemos contornar muito rapidamente o reino das caricaturas. Não é raro o senso comum expressar uma vigilância naquilo que supõe uma certa coerência que lhe parece rompida. Podemos exemplificar tal procedimento na cobrança por parte do senso comum, quando afirma: "Você se diz de esquerda, mas usa um *smartphone* de última geração?". Em outra direção, quando diz: "Que tipo de reacionário conservador é você que aceita ser um ministro no governo do PT?".

Este ruído que o senso comum detecta e contra o qual reage, no quadro do pensamento atual tende a ser transformado em uma constatação de que as formas de pertencimento e formação de identidades mudaram radicalmente de perfil. No campo da efetividade do real, podemos encontrar tais mesclas nas mais diferentes combinações, gerando a aparência de que tais processos e sínteses são fortuitos ou meramente ocasionais.

Navegam numa série de combinações que produzem sínteses efêmeras, ora se combinando em aparentes formas homogêneas, ora se desfazendo para formar outras combinações. Dessa maneira, o indivíduo navega entre jogos de linguagem variados, naquilo que Jean-François Lyotard descrevia como uma textura de relações mais complexas e móveis do que nunca (Lyotard, 1996, p. 96 *apud* Evangelista, 2007, p. 118). Segundo Evangelista, o discurso pós-moderno é uma boa expressão deste fenômeno que aqui descrevemos, daí sua referência a Lyotard. Para o pesquisador brasileiro, Lyotard, ao descrever a pós-modernidade como um conjunto de alterações na cultura que correspondem à ordem pós-industrial, afirma que a disseminação dos jogos de linguagem resulta de um sujeito social que "parece dissolver-se", uma vez que os vínculos que unem os indivíduos naquilo que chamamos de sociedade seriam agora, nas palavras do pensador canadense: "[...] uma tessitura em que se cruzam [...] um número indeterminado de jogos de linguagem que obedecem a regras diferentes" (Lyotard, 1996, p. 73 *apud* Evangelista, 2007, p. 113-114).

Diante disso, ficaria impossível qualquer tipo de "princípio de unitotalidade", de forma que a legitimação dos discursos não poderia vir de outro lugar senão de "[...] sua prática de linguagem e de sua interação comunicacional". Buscando trazer tal princípio para o nosso tema, poderíamos afirmar que a identidade dos seres de nossa época resultaria de uma interação comunicacional na qual o indivíduo desliza por meio de relações complexas e móveis, nas quais teriam deixado de existir os antigos "polos de atração" (Estado, partidos, sindicatos, instituições e tradições históricas etc.), que teriam perdido seu sentido. Teria, ainda segundo Lyotard, havido um deslocamento para os interesses privados e para a vida íntima, deixando o sentido da vida à diligência de cada cidadão (Evangelista, 2007, p. 109).

Duas coisas nos chamam a atenção. Primeiro, que toda a substância dos processos de pertencimento e identidade acabam sendo restritos à linguagem e à dimensão da comunicação, quebrando-se o vínculo entre a dimensão da linguagem e suas determinações mais profundas em uma forma particular de produção da vida; segundo, que a "dissolução do sujeito" e a perda de sentido dos "antigos polos de atração" remetem ao ato de formação de identidade ao indivíduo, único elo constante na cadeia variável de significantes que constituem os diversos discursos. Caso aceitemos estes pressupostos, a única consciência possível seria o resultado da somatória bizarra dos diferentes pontos ou nós, pelos quais o indivíduo transita do sistema de valores pelos quais desliza, resultando em algo ocasional, heterogêneo e efêmero. Uma consciência não dos vínculos que o constitui no que é, mas a consciência de uma consciência da ausência de uma totalidade constituinte e da aleatoriedade de vínculos fugazes que ganham legitimidade e sentido apenas pela discricionariedade do próprio indivíduo, diante de relações que não formam uma inteligibilidade passível de ser conhecida. Não é por acaso que um dos elementos-chave do saber pós-moderno seja o seu caráter agnóstico. Não há totalidade alguma em relação à qual as expressões particulares podem ganhar significado.

Nesse ponto se evidencia outro elemento do discurso pós-moderno: a crítica às chamadas "metanarrativas", isto é, segundo a aproximação dita pós-moderna, dos discursos que procuram enquadrar a aleatoriedade do real, aprisionando-a em sistemas ou totalidades, levando, em maior ou menor grau, a posturas prescritivas sobre o que deveria ser feito, ou o que seria justo que ocorresse. Este incômodo prescritivo, que teria por função legitimar as narrativas, perde o sentido, pois não tendo o mundo e a sociedade sentido algum fora dos jogos de linguagem, as ações das pessoas são igualmente fugazes e aleatórias, assim como o sistema de valores a que se referem.

A consciência própria de nossa época seria, então, a consciência de um ser que se percebe em um mundo e uma sociedade sem sentido, não porque não tenha o instrumental teórico, o sistema filosófico ou epistemológico adequado, ou ainda o arsenal de valores ético-políticos que lhe permitiria entender o mundo e direcionar sua ação na direção justa ou adequada, simplesmente porque não há critérios para julgar a validade ou justeza das opções que não sejam, eles mesmos, jogos de linguagem que só podem almejar legitimar a si mesmos e àqueles que neles se referenciam naquele momento. Portanto, o que esta forma de consciência, assim como os parâmetros do saber científico pós-moderno valorizam, passa a ser a "intuição", a "imaginação", e não o conhecimento propriamente dito.

Como sintetiza Evangelista (2007, p. 117), o pensamento pós-moderno está voltado para a "instabilidade", não sendo possível o claro estabelecimento de causas e determinações, a não ser em "ilhas de determinismo" fora das quais reina o oceano no qual "o antagonismo catastrófico é a regra", onde o que se busca captar é a "[...] evolução descontínua, catastrófica, não retificável e paradoxal que produz não o conhecido, mas o desconhecido", nos termos de Lyotard. A legitimidade não está naquilo que pode ser comprovado ou compartilhado, mas na distinção única do olhar de quem vê, na forma como o percebe, na sensibilidade e criatividade de quem olha e organiza no campo do discurso um novo fragmento. A arte é o paradigma da ciência, a intuição substitui a razão, a sensibilidade, a capacidade analítica.

Tenho, como indivíduo, consciência de que navego num mundo sem sentido, minha sensibilidade o pressente, minha intuição o diz, assim me destaco daqueles que não têm esta consciência, acreditam em metanarrativas que não são mais que mecanismos defensivos diante do aleatório da existência. A consciência de múltiplos pertencimentos sem que se exija qualquer ponto externo em que façam sentido, como num sistema de valores, concepção de mundo, doutrina política ou religiosa. O trabalho é um desses "nós" que exige um jogo particular de linguagem que eu me aproprio utilitariamente para sobreviver neste campo, do mesmo modo que faço isso em outros campos, seja no da cultura no qual aprendi palavras-chave que me fazem aceito — ou que provocam indignação conforme meu desejo —, seja no campo religioso no qual navego em múltiplas crenças produzindo um sincretismo que me é útil como fragmento de uma visão de mundo, ou ainda na imediaticidade do cotidiano ou no complexo jogo no mundo do conhecimento acadêmico, uma vez que ambos perderam grande parte de seus traços distintivos. Minha consciência perdeu o nexo com posições de classe, uma vez que não há nexos entre as posições de classe e outras esferas da sociabilidade, como a esfera política ou moral. Minha consciência reflete exatamente meu ser: um ser serializado, múltiplos pertencimentos, identidades fragmentadas. Percebi, num *insigth* libertador, que o mundo não vai para lugar nenhum... e eu vou junto com ele sem pressa de chegar.

O que nos resta saber diante desta forma de consciência que tende a se apresentar em nossos dias como determinante, é se ela é expressão de uma universalidade ou, ao contrário, a expressão de um ser particular e sua sociabilidade que precisam se apresentar como genericidade, exatamente para ocultar sua particularidade.

O caminho que julgo inadequado no esforço da crítica necessária é a afirmação de que tudo isso é uma grande manipulação que produz uma espécie de alucinação coletiva, levando os sujeitos sociais a construir uma autoimagem que não corresponde a seu ser. Em outras palavras, não passa de pura bobagem. Provocativamente, comecemos por afirmar que esta é a forma de consciência que se apresenta em nossos dias, o que vale dizer que ela é real e efetiva, e não um subproduto de um debate de concepções no qual, nós marxistas, saímos derrotados do embate com a pós-modernidade, em que a consciência humana, depois de uma épica batalha, enterrou o corpo destroçado de Hegel, que foi derrotado por Kant para então sucumbir ao golpe mortal desferido por Nietzsche.

Ela é real, não por ter saído vencedora de um *reality show* dos jogos de linguagem, mas por expressar, no âmbito das ideias, as relações sociais que constituem o fundamento de nossa sociabilidade contemporânea. Ela é efetiva, pois tem sido o elemento articulador de pertencimentos e identidades que ocupam o lugar onde antes estava a consciência de classe.

Agora, no entanto, que já indicamos os elementos mais visíveis desta forma que se apresenta tão luminosa e autoesclarecedora, é o momento de nos perguntarmos sobre suas determinações que não se apresentam visíveis.

Nosso ponto de partida será a constatação de que aquilo que se nos apresenta como a forma enfim encontrada da consciência humana, liberta de seus preconceitos racionais, sistemas totalizantes e metanarrativas enganadoras, nada mais é que a boa e velha "opinião". Hegel (1983, p. 19) já nos dizia que o contraste entre "[...] opinião e verdade, que é muito surpreendente, e está em nosso tempo em pleno vigor, e é muito pronunciado" é um velho conhecido que já encontramos em outros momentos da história, por exemplo, na decadência da vida grega, quando Platão expõe as diferenças entre "doxa e episteme", ou na decadência de Roma. O que parece haver em comum é que, segundo Hegel, este fenômeno ocorre em períodos de decadência[4], ou diríamos nós, de transição, no qual se chega à surpreendente conclusão de que "[...] a verdade é uma coisa ultrapassada[...], não vale mais a pena conhecer a verdade, nem querer falar da verdade" (idem, ibidem).

Isso que ocupa o lugar do esforço do conhecimento assemelha-se, ainda segundo o filósofo alemão, à consciência imediata, aquela que se encontra no cotidiano. Diz Hegel, em outro trabalho:

---

4. Há aqui mais que uma coincidência de termos, parece-nos que é nesse sentido que Marx procurará construir a noção de "decadência ideológica", assim como Lukács a desenvolverá posteriormente, isto é, uma expressão ideal de um momento de crise de um modo de produção e da possibilidade de transição histórica. Com este conceito, Marx abordará o movimento próprio da economia política que transitaria de um momento em que revela contribuições científicas, até um momento em que a função mais evidente das ideias e dos conceitos é encobrir ou justificar uma realidade, ou seja, assumindo a forma de uma ideologia.

A consciência na vida cotidiana tem, em geral, por seu conteúdo, conhecimentos, experiências, sensações concretas, e também pensamentos, princípios — o que vale para ela como um dado ou então como ser ou essência fixos e estáveis. A consciência, em parte, discorre por este conteúdo; em parte, interrompe seu [dis]curso, comportando-se como um manipulador do mesmo conteúdo, desde fora (Hegel, 1997, p. 46).

Ainda que chegue a constatações banais, este "filosofar natural", este estilo de pensamento que julga navegar no leito tranquilo do bom senso, não se abate. Quando lhe argumentam sobre a "insignificância de suas verdades", responde que "[...] o sentido e o conteúdo estão presentes no seu coração, e devem estar presentes também no coração dos outros", externando um princípio que, se tem alguma validade, seria para o campo artístico que difere em natureza e modo da maneira de proceder do conhecimento[5]. Argumenta Hegel que, se há algum elemento válido a ser compreendido e que foi intuído pelo coração e a sensibilidade de um olhar particular, o melhor a fazer seria não "[...] deixar que o melhor ficasse mais íntimo, mas trazê-lo desse poço à luz do dia" (Hegel, 1997, p. 60).

Será possível que esta incrível "nova" forma que tanto custou à engenhosidade humana descobrir, soterrada que estava sob imensas camadas de discursos, se aproxima daquilo que chamamos de senso comum? Bom, pelo menos é o que indica Hegel:

> Tais abstrações vazias [...] são as potências cujo jogo é o entendimento humano percebente, chamado com frequência "sadio" "senso comum". Ele, que se torna como sólida consciência real, é, no perceber, apenas o jogo dessas abstrações; e em geral é sempre o mais pobre onde acredita ser mais rico (Hegel, 1997, p. 93).

Assim, a consciência imediata é sempre expressão de uma impotência, seja de conhecer, seja de agir sobre algo que lhe foge ao controle.

---

5. "O todo, tal como aparece no cérebro, como um todo mental, é um produto do cérebro pensante, que se apropria do mundo da única maneira em que o pode fazer, maneira que difere do modo artístico, religioso e prático de se apropriar dele" (Marx, 2007, p. 257-258).

Mais do que uma consciência propriamente dita, ela se apresenta como um espanto diante de uma "confusão puramente casual," como uma "vertigem de uma desordem que está sempre se reproduzindo". Ela é, de fato, uma consciência "céptica", fundamento de uma forma de comportamento, que é o ceticismo. Continua Hegel:

> A consciência céptica é isso para si mesma, já que ela mesma mantém e produz essa confusão movimentada. Assim, ela confessa ser isso: confessa ser uma consciência singular, de todo contingente; uma consciência que é empírica, dirigida para o que não tem para ela realidade nenhuma: obedece àquilo que para ela não é nenhuma essência; faz e leva à efetividade o que para ela não tem verdade nenhuma (Hegel, 1997, p. 139).

Nosso primeiro elemento de análise é, portanto, o fato interessante de a consciência de nossa época apresentar uma forma de senso comum, do pensamento cotidiano, como forma capaz de superar as formas passadas de conhecimento e pertencimento. Não vem aqui nenhum juízo outro sobre o pensamento cotidiano ou o senso comum. Eles têm sua função e utilidade na imediaticidade da vida. Ninguém sobreviveria adequadamente um dia sequer, ao agir no cotidiano dirigindo suas ações por padrões do conhecimento científico. Ninguém faz cálculos de física para atravessar a rua, ou pesa uma criança antes de levantá-la, ou decompõe os alimentos em seus elementos químicos antes de ingeri-los. Mas é no mínimo interessante que um momento do movimento da consciência, exatamente o momento da consciência submetida à reificação, o senso comum seja elevado à condição universal de consciência social de uma época.

Aqui também este argumento só é possível porque estamos analisando um momento em relação a uma totalidade, que o inclui e define, crime gravíssimo diante do tribunal da pós-modernidade. Estamos, no entanto, convictos de que aquilo que nos é apresentado como "a" consciência social de nossa época é, na verdade, um momento muito específico do processo de consciência tal como o compreendemos, isto é, como momento inicial de um movimento que leva da alienação inicial à formação da consciência em si e à possibilidade de desenvolvimento de uma consciência para si. Vejamos como Marx coloca a questão:

> As condições econômicas, inicialmente, transformaram a massa do país em trabalhadores. A dominação do capital criou para essa massa uma situação comum, interesses comuns. Essa massa, pois, é já, face ao capital, uma classe, mas ainda não o é para si mesma. Na luta [...] essa massa se reúne, se constitui em classe em si mesma. Os interesses que defende se tornam interesses de classe. Mas a luta entre as classes é uma luta política (Marx, 2009, p. 190).

Estas palavras foram proferidas criticamente contra Proudhon, que condenava as coalizões e greves operárias porque desrespeitavam não apenas a lei, mas também o "sistema econômico" e a "ordem estabelecida", afirmando: "[...] que cada operário, individualmente, possa dispor livremente da sua pessoa e dos seus braços, isso é tolerável; mas que os operários empreendam, através de coalizões, violências contra o monopólio, eis o que a sociedade não pode permitir" (Proudhon apud Marx, 2009, p. 187). A frase de Marx que serviu de fundamento à teoria marxista para pensar o movimento da consciência de classe, de uma consciência em si para uma consciência para si, pode deixar de colocar a devida atenção em um momento primeiro, anterior à formação da classe como classe.

No mesmo contexto, nos anos de 1845-1846, em colaboração com Engels, Marx já se debruçava sobre o tema e descrevia desta forma este momento anterior à formação da classe. Diziam os autores:

> Os indivíduos singulares formam uma classe somente na medida em que têm de promover uma luta contra outra classe; de resto, eles mesmos se posicionam uns contra os outros, como inimigos, na concorrência. (Marx; Engels, 2007, p. 63).

Já Proudhon via um lado bom da concorrência, ela seria tão essencial ao trabalho como à própria divisão do trabalho, sendo "necessária ao advento da igualdade". Não parece ser a posição dos autores de *A ideologia alemã*. Analisemos, entretanto, mais detidamente a posição dos autores sobre este momento e suas implicações para o processo de consciência. A passagem citada, apesar de longa, nos parece necessária.

> A concorrência isola os indivíduos uns dos outros, não apenas os burgueses, mas ainda mais os proletários, **apesar de agregá-los**. Por isso, transcorre sempre um longo período antes que os indivíduos possam se unir, sem contar que, para essa união — quando for meramente local —, os meios necessários, as grandes cidades industriais e as comunicações acessíveis e rápidas, têm de primeiro ser produzidas pela grande indústria; e, por isso, todo o poder organizado em face desses indivíduos que **vivem isolados e em relações que diariamente reproduzem o isolamento** só pode ser vencido após longas lutas. Exigir ao contrário seria o mesmo que exigir que a concorrência não deva existir nessa época histórica determinada ou que os indivíduos devam apagar de suas mentes relações sobre as quais não têm nenhum controle como indivíduos isolados (Marx; Engels, 2007, p. 62, grifo nosso).

O primeiro elemento a ser destacado é que as relações que constituem a ordem capitalista, e entre elas a forma como se expressam na "concorrência", isolam os indivíduos ao mesmo tempo que os agrega. Poderíamos dizer que as grandes cidades do capital agregam os indivíduos para que concorram entre si. A primeira forma de expressão da classe trabalhadora é como uma não classe, isto é, como uma serialidade de indivíduos que ocupam o mesmo espaço e realizam tarefas em comum, mas sem que eles formem algo além de uma coexistência de indivíduos em luta na concorrência. Devemos destacar, também, que estas relações e a concorrência marcam "as mentes" desses indivíduos; dito de outra forma, constituem suas visões de mundo, um conjunto de valores, juízos e ideias com as quais atuam no mundo e direcionam suas ações.

O fator que pode superar esta serialidade e conformar uma classe é a luta contra outra classe, e este é o aspecto fundamental a ser destacado. Mas esta classe que se forma ao lutar contra o capital já é uma classe, mas ainda não é uma classe. Neste ponto, a consciência tem papel decisivo, assim como as lutas o tiveram na formação da classe em si. É necessário que a classe trabalhadora tenha consciência de seu papel histórico, da possibilidade de se constituir como um sujeito histórico capaz de apresentar um projeto societário com autonomia e independência de classe, tornando-se uma classe para si.

O nexo apontado entre a luta de classes e a constituição do próprio ser da classe como base material e objetiva de sua consciência nos coloca diante da constatação de que este movimento não é apenas evolutivo, em direção à consciência para si, mas pode retroceder a depender da própria dinâmica da luta de classes. Este movimento, como já foi afirmado[6], não é linear nem evolutivo, isto é, se dá por contradições, saltos de qualidade e recuos, num movimento de negação da negação, em espirais que aparentemente retornam aos patamares já superados. Desta forma, a consciência de classe está ligada ao ser da classe e à dinâmica da luta de classes, podendo desconstituir-se novamente na concorrência e, de volta, à serialidade. A consciência de nosso tempo é expressão do movimento objetivo da classe que, durante o final do século XIX e no decorrer do século XX, empreendeu um duro caminho de constituição de seu ser em si, apontando germes de seu potencial desenvolvimento de seu ser para si, mas que, diante de derrotas na luta de classes e dos impasses na transição socialista, desconstituiu-se em nova serialidade, objetivamente verificável e ideologicamente transformada em forma definitiva.

A grande afirmação da atual ofensiva ideológica contra as premissas mais fundamentais do marxismo é que a atual crise da consciência e do projeto histórico do proletariado não é apenas uma variação cíclica da consciência de classe determinada pelo seu ser. Tratar-se-ia de uma alteração profunda na sociabilidade que, mais que

---

6. Ver a respeito *Ensaios sobre consciência e emancipação* (Iasi, 2007).

derrotou a classe trabalhadora, teria transformado-a em virtualmente desnecessária à acumulação capitalista pelo próprio desenvolvimento das forças produtivas.

Todo o edifício argumentativo de Marx se apoiaria na natureza das relações sociais que constituem o capital, isto é, como forma social baseada na exploração do trabalho, na extração de mais-valia. As classes sociais seriam "personificações" desses elementos que constituem o fundamento desse modo de produção (capital e trabalho). A possibilidade de o proletariado tornar-se um sujeito derivaria da posição que ocupa nessas relações, das lutas que se colocam pelo antagonismo inconciliável entre o proletariado e a burguesia e, finalmente, de um longo processo de lutas que colocariam a necessidade de superação da ordem burguesa abrindo uma transição histórica em direção ao comunismo.

A ofensiva ideológica ataca simultaneamente cada um desses momentos da proposta marxista, desde seus fundamentos econômicos até suas expressões políticas e ideais. Vejamos. Resumidamente, a sociedade atual seria pós-industrial, no sentido de que deslocou a produção de mercadorias como centro do processo de valorização para esferas financeiras e de serviços, assim como para as condições da reprodução social, comunicativa, normativa e política. O próprio desenvolvimento das forças produtivas, entendido aqui como desenvolvimento tecnológico tornado possível pela quarta revolução industrial, teria levado à possibilidade de produzir em abundância os bens necessários, tendo o eixo da conflitualidade se deslocado para os critérios da divisão e alocação dos recursos abundantes (Arendt, 2000; Habermas, 1990; Dahrendorf, 1982). Ao mesmo tempo que o desenvolvimento tecnológico gera as condições para o aumento da produtividade, torna cada vez mais supérfluo o uso da força de trabalho, tornando-a virtualmente "desnecessária". O fim do mundo do trabalho é o fim da classe trabalhadora, ou sua insignificância, e o fim da classe trabalhadora é o fim do sentido político do projeto proletário, o socialismo. A sociedade pós-industrial e pós-moderna é também pós-socialista (Touraine, 1988).

Na sociedade contemporânea assim descrita, a sociabilidade deslocou-se da centralidade do trabalho para as esferas normativas, daí a valorização do campo jurídico e do espaço político, não mais como luta de classes pela disputa de recursos escassos e, no limite, pela propriedade dos meios de produção, mas a disputa pelo sentido e pelos valores que orientam uma maior ou menor equidade entre os membros de uma sociedade. A luta entre as classes é substituída pela formação de um consenso entre agentes sociais e indivíduos, tornado possível pela forma democrática.

O pertencimento e as identidades derivam, portanto, dos diferentes segmentos e seus interesses a serem considerados na ampliação das esferas de consenso. Não se trataria mais de um jogo de soma zero, isto é, para que o proletariado possa ter realizado seus interesses, a burguesia teria de ser derrotada. Isso fazia sentido em um contexto, que teria sido superado, segundo esta ideologia, pelo desenvolvimento econômico, social e cultural que culminou em uma sociedade globalizada, plural e democrática.

Os indivíduos se relacionam numa rede complexa de pertencimentos distintos, como consumidores, trabalhadores de diferentes segmentos, como cidadãos, como negros, mulheres, camponeses, ecologistas em uma série na qual deslizam sem totalizações possíveis. Cada segmento contribui com seu interesse particular não para conformação de uma vontade geral nos termos rousseaunianos, coisa um tanto quanto perigosa, mas para uma existência pactuada e normatizada por uma engenharia política institucionalizada que passa a ter o seguinte sentido prático: cada um expressa livremente suas demandas, os eleitos por regras pactuadas e consagradas no ordenamento jurídico estabelecido debatem e decidem, vence a maioria e a minoria respeita, desde que sendo respeitadas as regras, a minoria pode vir a ser maioria. As famosas "regras do jogo" bobbianas.

Uma das razões da possibilidade da "alternância de poder", expressão em si mesma ideológica, é que as identidades não são fixas, isto é, segmentos particulares formam maiorias ou minorias deslizando na série aberta das possibilidades de pertencimento. Num momento, em postulações políticas mais liberais ou de "esquerda", em outro, em posturas políticas mais conservadoras. Não importa, desde que se respeitem as regras do jogo e se excluam os "radicalismos", entendidos por definição como aqueles que não as respeitem.

Esta forma, que nada mais é que a expressão da consciência social de nossa época no campo político, não é de maneira nenhuma uma forma aleatória, assim como as expressões ideais antes descritas o eram. Elas são, no seu conjunto, a expressão ideal das relações que constituem nossa sociedade contemporânea. Mas qual é esta sociabilidade?

O ocultamento ideológico tem por principal função obscurecer este fato essencial. Tudo tem que ser apresentado e antecedido pelo prefixo "pós". Mas, e se o momento histórico em que nos encontramos não fosse a superação da sociabilidade anterior, mas um momento bem determinado da mesma sociabilidade? E se o eufemismo "pós-industrial" escondesse o fato que esta sociedade na qual predomina a onipresença do capital financeiro fosse ainda uma sociedade capitalista? E se a ampliação das esferas de consenso nos marcos de uma democracia e de um Estado Democrático de Direito velasse a compreensão que este é ainda um Estado Burguês? E se aquilo que se pulveriza em relações precarizadas, que se torna cada vez mais invisível aos olhos dos outros, separada no espaço, diluída na concorrência brutal entre seus membros, derrotada politicamente e desorganizada pela organização capitalista do trabalho, ainda fosse uma classe, ainda que não se apresente como uma classe?

Um elemento do real sobra como um resto incômodo, como escândalo, por entre as malhas da ideologia. A sociedade atual é uma sociedade de mercadorias levada ao máximo de seu desenvolvimento. A maioria ou a quase totalidade dos produtos, bens ou serviços que os indivíduos precisam para satisfazer suas necessidades, do estômago ou da fantasia, não podem ser acessados como simples valores de uso, mas são obrigatoriamente manifestos como veículos de valor, que só podem ser acessados por meio da troca mercantil. Interessante notar que, em uma época em que tudo é pós, não se pensa em nada que se assemelhe a um contexto "pós-mercantil". O mercado é algo natural, tão insuperável como a influência de Sarney na República brasileira.

Mercadorias têm que ser produzidas, com mais ou menos presença de força de trabalho viva em proporção ao trabalho morto, mas o trabalho que se apresenta morto no corpo de um meio de produção, de uma matéria-prima, de um insumo qualquer, já foi vivo um dia. Neste mundo em que tudo é muito novo, em quais relações se produziram estes bens e serviços? Por mais que ideologicamente se tente encobrir essas relações com formas variadas, é inegável que é o assalariamento a forma predominante e crescente que marca as relações sociais hoje estabelecidas. As pessoas, desapropriadas de tudo que poderia servir à produção de sua vida são obrigadas a vender a única coisa que lhes resta em troca de um salário. Entre 1998 e 2006, a evolução do assalariamento na região metropolitana de São Paulo cresceu de 62,2% para 65,3% do total da força de trabalho ocupada, o que acompanha os dados gerais nos quais se vê que 60,8% do total da força de trabalho ocupada no país são assalariados, mais do que o dobro de outras formas (trabalhadores por conta própria, para consumo próprio e outras nos termos do senso do IBGE).

Uma sociedade de mercadorias na qual prevalecem relações assalariadas. Alguém deve contratar aqueles que vendem a força de trabalho, são os donos dos meios de produção que foram expropriados dos produtores diretos, cerca de 2,8% segundo o mesmo censo que analisa a distribuição da força de trabalho ocupada. Portanto, uma sociedade em que existe a propriedade privada dos meios de produção. Uma forma de propriedade que já deixou há muito tempo o cenário de uma livre concorrência, que passou por um intenso e brutal processo de concentração e centralização gerando o monopólio, e este se desenvolveu a ponto de unificar o capital bancário e o capital industrial, formando o capital financeiro, que superou a simples exportação de mercadorias pela exportação de capitais, levando à necessidade constante de partilhas e repartilhas do mundo em áreas de influência, gerando o imperialismo (Lênin, 1976).

Quais destes elementos estariam ausentes nesta sociedade tão pós tudo? Os meios de produção não estão mais na forma de monopólios? O imperialismo deixou de partilhar o mundo em áreas de influência? A guerra deixou de ser o meio principal desta partilha? Os Estados Nacionais não são mais representantes dos grandes monopólios nesta partilha imperialista?

O aumento da produtividade do trabalho e a concorrência levam à alteração da composição orgânica do capital, aplicando-se proporcionalmente mais em capital constante do que em capital variável com todas as consequências que daí derivam, desde a tendência à queda da taxa de lucro, o desemprego e, no limite, a própria crise cíclica e periódica do capital (Marx, [19--]). Nesse ponto de seu desenvolvimento histórico, crescem a importância do capital portador de juros e do capital fictício assim como o caráter parasitário do próprio modo de produção capitalista. Uma multidão de trabalhadores, parte empregados diretamente na produção de valor, parte nas diferentes áreas necessárias a esta produção e na esfera da reprodução, parte como exército industrial de reserva, parte como superpopulação relativa, incluindo aí a força de trabalho latente e "supérflua", sustenta uma ridícula minoria que acumula a maior parte da riqueza socialmente produzida. Menos de 1% da população detém mais de 50% da riqueza do planeta.

Parte desta riqueza assume a forma de uma bolha fictícia que não guarda relação com a magnitude real do valor. O estouro das bolhas provoca crises arrasadoras que devastam mercados, cidades e países, jogam milhões na miséria e no desemprego.

Tal quadro só pode ser mantido por brutais interferências estatais que jogam o ônus da crise para os trabalhadores, enquanto salvam as condições da acumulação capitalista. Corte de gastos, desmonte de serviços essenciais, ataques aos direitos dos trabalhadores, precarização das condições de trabalho e da vida.

Interessante que esta sociedade "pós-capitalista" se parece muito com aquilo que Marx denominou de modo de produção especificamente capitalista, isto é, este modo de produção no máximo de seu desenvolvimento, no momento em que o avanço das forças produtivas se choca com as relações sociais existentes, momento histórico no qual se abre uma época de revolução social (Marx, 2007, p. 45).

A consciência social de nossa época é a forma socialmente necessária de expressão na consciência da sociedade capitalista em seu momento de decadência, de crise aguda na qual se revela de forma nítida seu caráter parasitário, sua ameaça à espécie humana em seu conjunto. Momento no qual o capital se transforma numa universalidade negativa, uma ameaça geral e que exige que algo possa emergir, como universalidade positiva, personificando a necessidade de uma nova forma de relações sociais que, com base nas forças produtivas avançadas, possa apontar para uma nova sociabilidade.

A principal função ideológica da forma atual da consciência social de nossa época é impedir uma consciência de classe que possa cumprir este papel. A ideologia tem limites. Ela não pode impedir que a ordem capitalista concentre os trabalhadores em grandes cidades, não pode impedir que crie condições comuns de existência das quais podem emergir interesses comuns, não pode evitar a brutal expropriação e exploração da força de trabalho, não pode evitar que nessas condições os trabalhadores entrem em luta contra a ordem do capital e contra as mais diversas manifestações da injustiça e da opressão que dessa ordem deriva. Pode, no entanto, operar no campo que lhe é próprio, no campo ideológico, uma vez que constitui uma mediação através da qual os indivíduos veem e compreendem o seu mundo e a si mesmos, levando-os a agir no mundo em uma certa direção.

Como sabemos, a classe dominante opera através de um conjunto de significantes mestres que correspondem aos valores centrais de sua ideologia, valores através dos quais se produz uma visão de mundo. Estes valores (liberdade, igualdade, propriedade etc.) não são aleatórios, correspondem às condições essenciais para a existência das relações sociais de produção que estão na base do modo de produção capitalista. Estes valores guardavam um grau de correspondência com as relações sociais, eram de fato sua expressão ideal. No entanto, a contradição entre as forças produtivas avançadas e as relações sociais existentes produzem um processo que Marx e Engels (2007, p. 283) identificaram como uma perda de correspondência, de forma que a consciência que antes correspondia a uma ordem e relações, segundo as palavras dos autores:

> [...] ela cessa de ser a consciência que corresponde a ela (as relações que estão em sua base), e, tanto mais as representações sobre essas relações de intercâmbio que vinham sendo transmitidas, representações essas e que os interesses pessoais reais etc. são declarados como universais, descambam para meras frases de efeito idealizadoras, para ilusão consciente, para a hipocrisia proposital. Porém, quanto mais elas são desmentidas pela vida e quanto menos valem para a própria consciência, tanto mais resolutamente são afirmadas, tanto mais hipócrita, moralista e santa se torna a linguagem da sociedade normal em questão (Marx; Engels, 2007, p. 283-284).

Não se trata apenas da ideologia burguesa, mas da ideologia burguesa na época de decadência da sociedade capitalista. Lukács (1979, p. 56) bem intuiu este movimento ao afirmar que "[...] a burguesia não pode reconhecer sua falência porque seria preciso então aderir ao socialismo", de forma que a maneira de ela expressar sua própria crise na consciência de nossa época é "[...] orientar em direção ao outro termo da alternativa e declarar a falência da razão". Da mesma forma que procurava apresentar a "sua" sociedade como "a" sociedade, a burguesia quer fazer crer à humanidade que "sua" crise é a crise da humanidade.

No momento de sua crise mais aguda, é fundamental para a ordem que a classe, que pode ser seu coveiro, construa uma autoimagem na qual não se veja como uma classe e, pior ainda, compreenda o momento no qual reina a reificação e a serialidade como uma virtude. Não se trata da concorrência que divide e impede a unidade daqueles que constituem uma classe, mas do valor da pluralidade e da multiplicidade de identidades; não se trata de fragmentação serial, mas de diversidade.

O que os acontecimentos recentes nos autorizam a concluir é que, na ausência da formação do proletariado como classe, não estaríamos diante de uma nova possibilidade de emancipação, mas sim da manifestação mais aguda e temerária da barbárie. Isso significa que a ordem burguesa que agoniza pode ter dado um golpe mortal no proletariado, coisa que não creio, mas isso, caso fosse verdade, não é uma boa notícia. A ausência de um sujeito revolucionário que se erga contra a ordem do capital pode significar, dado o caráter destrutivo do capitalismo em decadência, o fim da aventura humana na terra ou, no mínimo, um retrocesso sem paralelo na história da humanidade.

Devemos continuar afirmando que as armas que a burguesia colocou em movimento se voltarão contra ela. Ao afirmar que sua sociedade é a sociedade, ela pode deixar os trabalhadores sem alternativa, senão destruir tudo, para tudo ser recriado. Mario Benedetti nos conta em um poema que havia um pássaro que cantava a todos afirmando ser "o" pássaro. Foi quando um gato, em um pulo monumental, o agarrou e, vangloriando-se, dizia: eu peguei "o" pássaro. Nesse momento, o pobre passarinho tentou se corrigir dizendo que era apenas "um" pássaro, mas o gato o engoliu, de nada servindo sua modéstia tardia. Em algum lugar, uma burguesia assustada, olhando o mundo real por trás de suas cortinas ideológicas que cobrem sua gaiola de ouro, murmura baixinho: eu acho que vi um gatinho.

Referências

ARENDT, H. *A condição humana*. Rio de Janeiro: Forense, 2000.

BAUMAN, Z. *Modernidade líquida*. Rio de Janeiro: Zahar, 2001.

BELL, D. *O advento da sociedade pós-industrial*. São Paulo: Cultrix, 1977.

BELL, D. *Fim da ideologia*. Brasília: UnB, 1980.

DAHRENDORF, R. *As classes e seus conflitos na sociedade industrial*. Brasília: UnB, 1982.

EVANGELISTA, J. E. *Teoria social pós-moderna:* introdução crítica. Porto Alegre: Sulina, 2007.

HABERMAS, J. *O discurso filosófico da modernidade*. Lisboa: Dom Quixote, 1990.

HABERMAS, J. *Teoria do agir comunicativo*. São Paulo: Martins Fontes, 2012. v. 2.

HEGEL, G. W. F. *Fenomenologia do espírito*. Petrópolis: Vozes, 1997. 2 v.

HEGEL, G. W. F. *Introdução à história da filosofia*. São Paulo: Hemus, 1983.

IASI, M. Classes sociais e reestruturação produtiva do capital. *Novos Temas*, São Paulo, ICP, v. 1, p. 161-173, 2009.

IASI, M. *Ensaios sobre consciência e emancipação*. São Paulo: Expressão Popular, 2007.

IASI, M. A maldição e a emancipação do trabalho: ou como a humanidade dançou e como ela pode dançar. *In*: FORTI, V.; GUERRA, Y. (org.). *Sociabilidade burguesa e Serviço Social*. Rio de Janeiro: Lumem Júris, 2013. p. 45-61.

IASI, M. Violência e ideologia, coluna no blog da Boitempo. Disponível em: https://blogdaboitempo.com.br/2015/06/03/violencia-e-ideologia. Acesso em: 28 maio 2016.

LUKÁCS, G. *Existencialismo ou marxismo?* São Paulo: Livraria Ciências Humanas, 1979.

LÊNIN, V. I. El imperialismo, fasa superior del capitalismo. In: *Obras Escogidas*. v. V. Moscú: Editorial Progresso, 1976.

LYOTARD, J. F. *O pós-moderno*. Rio de Janeiro: José Olympio, 1993.

MARX, K. *O capital*. Livro 1. São Paulo: Boitempo, 2013.

MARX, K. *O capital*. Livro 3, v. 4. Rio de Janeiro: Civilização Brasileira, [19--].

MARX, K. *Grundisse*. São Paulo: Boitempo, 2011.

MARX, K. *Contribuição à crítica da economia política*. São Paulo: Expressão Popular, 2007.

MARX, K. *Miséria da filosofia*. São Paulo: Expressão Popular, 2009.

MARX, K.; ENGELS, F. *A ideologia alemã*. São Paulo: Boitempo, 2007.

MIÉVILLE, C. *A cidade e a cidade*. São Paulo: Boitempo, 2014.

SARTRE, J. P. *Crítica de la razón dialectica*. Buenos Aires: Losada, 1979. v. 1.

SARTRE, J. P. *Crítica de la razón dialéctica*. Buenos Aires: Losada, 1979. v. II.

SILVEIRA, P. Lacan e Marx: a ideologia em pessoa. *Crítica Marxista*, n. 14, p. 117-123. São Paulo: Boitempo, 2002.

TOURAINE, A. *O pós-socialismo*. São Paulo: Brasiliense, 1988.

WAIZBORT, L. Classe social, Estado e ideologia. *Tempo Social*, revista de sociologia da USP, São Paulo, v. 10, n. 1, p. 65-81, maio de 1998.

WEBER, M. *Ensaios de sociologia*. Rio de Janeiro: Zahar, 1979a.

WEBER, M. Rejeições religiosas do mundo e suas direções. *In*: WEBER, M. *Ensaios de sociologia*. Rio de Janeiro: Zahar, 1979b.

ZIZEK, S. (org.). *Um mapa da ideologia*. Rio de Janeiro: Contraponto, 1996.

Sociedade, indivíduo, ideologia e alienação: breve reflexão de Marx a Adorno e Horkheimer

> *"Tanto para a criação em massa dessa consciência comunista quanto para o êxito da própria causa faz-se necessário uma transformação massiva dos homens, o que só é pode se realizar por um movimento prático, por uma revolução."*
>
> Marx e Engels

A teoria social acabou por se enredar em uma polarização mecânica entre as dimensões do indivíduo e da sociedade, ao mesmo tempo que é profícua em oferecer soluções para o problema que o próprio pensamento criou. No que diz respeito ao pensamento sociológico clássico, Durkheim optou pela aproximação segundo a qual a sociedade se constituiu como um todo que se impõe ao indivíduo, como uma consciência coletiva, moldando seus modos de agir, pensar e sentir (Durkheim, 1976; 1995); Weber, por sua vez, inverte a equação colocando o indivíduo como o sujeito da ação social dotada de sentido, transformando assim a sociedade numa resultante probabilística das ações individualmente concebidas, mesmo quando assumindo formas coletivas ou societárias (Weber, 1979).

A aproximação marxiana e engelsiana nos oferece uma possibilidade de ir além da polarização entre indivíduo e sociedade, permitindo compreender estas dimensões, como mediações de uma totalidade dinâmica. Nas palavras de Marx:

> Importa, acima tudo, evitar que a "sociedade" se considere novamente como uma abstração em confronto com o indivíduo. O indivíduo *é o ser social*. A manifestação da sua vida — mesmo quando não surge diretamente na forma de uma manifestação comunitária, realizada conjuntamente com outros homens — constitui, pois, uma expressão e uma confirmação da vida social (MARX, 1993, p. 195).

Enquanto Durkheim vê o todo social como resultado de seu próprio movimento, acreditando que pode explicar o "[...] todo pelas propriedades características do todo" (Durkheim, 1970, p. 37), e Weber busca a inteligibilidade das formas sociais na ação individual dotada de sentido, Marx parece seguir um caminho distinto ao afirmar a unidade dialética entre indivíduo e sociedade, levando à sua famosa formulação no seu *18 Brumário*, segundo a qual são os homens que fazem a história, mas não fazem como querem e sim sob o peso das circunstâncias. A unidade dialética entre indivíduo e sociedade faz com que estas dimensões do ser social sejam, ao mesmo tempo, iguais e diversas. Vejamos na continuidade do argumento do próprio Marx:

> A vida individual e a vida genérica do homem não são *diferentes*, por muito que — e isto é necessário — o modo de existência da vida individual seja um modo mais específico ou mais geral da vida genérica, ou por mais que a vida genérica constitua uma vida individual mais específica ou mais geral (idem, p. 195-6).

Adorno e Horkheimer (1978, p. 25), criticando esta mesma polarização peculiar à teoria sociológica que levaria, segundo os autores, de um lado, a uma espécie de "antropologia cultural", como na tradição anglo-saxônica, que acabaria por compreender o "homem" como "uma série de individualidades biológicas" através das quais os seres humanos se reproduziriam, buscariam controlar sua natureza interna e externa, assim como suas próprias formas de vida, conflitos e formas de dominação; e, por outro lado, levando às diversas manifestações daquilo que na Alemanha se expressa no termo *Gesellschaft*, ou seja, comunidade ou sociedade. Buscando escapar desta armadilha, os autores da Escola de Frankfurt propõem a seguinte solução:

> No seu mais importante sentido, entendemos por "sociedade" uma espécie de contextura formada entre todos os homens e na qual uns dependem dos outros, sem exceção; na qual o todo só pode subsistir em virtude da unidade de funções assumidas pelos co-participantes, a cada um dos quais se atribui, em princípio, uma tarefa funcional; e onde todos os indivíduos, por seu turno, estão condicionados, em grande parte, pela sua participação no contexto geral (Adorno; Horkheimer, 1978, p. 25).

No entanto, mesmo esta definição cuidadosa pode nos levar a enganos se esquecermos que os conceitos são eminentemente históricos, isto é, a pretensão positivista de captar o movimento do real em sua essencialidade através de um único conceito inequívoco é, antes de mais nada, impossível. A clara definição da sociedade mais pelas "[...] relações entre os elementos componentes e as leis subjacentes nessas relações do que, propriamente, os elementos e suas descrições comuns" (idem, p. 26), já pressupõe uma clara ideia de existência destes componentes, ou seja, do indivíduo e da sociedade, mas o fato é que esta é uma produção historicamente determinada, e não expressão de qualquer essencialidade, seja biológica ou social.

Tanto o conceito de "sociedade" como o de "indivíduo" fazem sua entrada histórica durante a ascensão da burguesia moderna e de seu modo de produção peculiar, mais precisamente, com o desenvolvimento do modo de produção capitalista e de suas personalizações numa classe social específica: a burguesia. Isso não significa que a reflexão sobre a sociabilidade propriamente humana não estivesse presente no pensamento ocidental clássico, como na filosofia grega, no pensamento romano ou no medievalismo, mas tratava-se ali de aproximações bastante distintas centradas na vida política, na *polis* grega ou na *civitas* romana, e não como contraposição à ideia de indivíduo como ser singular.

> O conceito de sociedade só voltou a florescer com o advento da época burguesa, quando se tornou visível o contraste entre as instituições feudais e absolutistas, por um lado, e aquela camada social que já dominava então o processo vital material da sociedade, por outro lado, e foi atualizado o antagonismo entre sociedade e instituições vigentes (Adorno; Horkheimer, 1978, p. 29-30).

Ocorre que a "balança nós-eu", nos termos de Elias (1994, p. 165), pendia para a autoidentidade do "*nós*" nas sociedades pré-capitalistas, e se voltou para a ênfase na individualidade com a advento do modo de produção capitalista, e cabe indagar por quê. Para Marx, a resposta a esta pergunta encontra-se na natureza mesma das relações sociais que são o fundamento da sociabilidade subsumida ao capital, e encontra seu alicerce na forma de mercadoria. A produção generalizada de mercadorias, condição prévia para o desenvolvimento das relações burguesas, exige que o ser social se atomize em produtores privados de distintas mercadorias, ou seja, como indivíduos isolados que se relacionam e se reconhecem por meio da troca de seus produtos. Nas palavras de Marx:

> O caráter privado da produção do indivíduo produtor de valores de troca se apresenta inclusive como produto histórico; seu isolamento, sua conversão em um ponto autônomo no âmbito da produção, estão condicionados por uma divisão do trabalho que, por sua vez, se funda numa série de condições econômicas, por obra das quais o indivíduo está condicionado, desde todos os pontos de vista, na sua vinculação com os outros e seu próprio modo de existência (MARX, 1998, p. 168).

A produção do ser social como indivíduo atomizado levará à possibilidade de uma contradição entre os interesses destes indivíduos e a expressão universal de suas relações na forma de uma determinada sociedade. O ser social e suas manifestações particularizadas se viam através de uma identidade coletiva, seja na comunidade internamente homogênea, seja como parte de estamentos ou castas, seja como membro indivisível de uma associação como na *polis* grega. Agora, trata-se de um ser multifacetado em individualidades privadas e o todo se esfuma em algo que se levanta, não apenas fora dessas individualidades, mas contra elas. Não tardou para que esta dicotomia material se expressasse na consciência dos seres humanos como uma contradição entre as ações individuais e uma expressão além destas, na forma abstrata de uma "sociedade".

Na tradição política moderna, principalmente a partir de Hobbes, esta contradição assume a forma de um estado natural, no qual prevalecem a liberdade e a igualdade natural dos indivíduos, e um estado civil regulado por leis que cerceiam e limitam esta liberdade e condicionam esta igualdade. Longe de ser um elogio ao estado natural, Hobbes via como um inconveniente a ser superado pela razão, uma vez que a liberdade e igualdade naturais, ou seja, a ausência de normas e de um poder para impô-las, levariam à sua famosa formulação de uma guerra de todos contra todos.

A sociedade civil, ou simplesmente sociedade, só seria possível pela emergência de um poder soberano acima dos indivíduos capaz de impor-lhes regras e normas que garantissem seus direitos naturais, sem as quais prevaleceriam o medo e a insegurança. Desta maneira, os indivíduos aceitariam abrir mão de sua liberdade natural em nome de uma força acima deles, com poder para limitar suas ações em nome da manutenção da sociedade como garantia de seus direitos naturais, ou seja, abririam mão da liberdade natural, entendida como ausência de barreiras que impedissem que o ser humano realizasse aquilo que deseja, por uma liberdade civil de fazer tudo aquilo que a lei não proíbe.

Aquilo que na consciência aparece como antagonismo entre os interesses individuais e o interesse geral se alicerça numa materialidade na qual os interesses particulares entram em choque com os interesses universais. O ser social estaria condenado a vagar entre duas abstrações: de um lado o indivíduo isolado e, de outro, a sociedade como força estranha acima e contra os indivíduos. A solução liberal para este dilema é a busca de um ponto no qual estas individualidades se reencontrem em uma forma externa e objetivada que não se lhes imponha como uma força estranha, isto é, numa universalidade abstrata que permita a livre manifestação dos interesses dos indivíduos e a garantia de seus supostos direitos naturais. A solução, no âmbito ideal, é aqui também a expressão de uma materialidade: a livre concorrência. A concorrência entre os indivíduos na disputa de riquezas e propriedades se converte na base para a ideia de uma livre concorrência entre indivíduos, sem a intervenção do Estado, o que geraria privilégios, ao mesmo tempo em que este Estado garantiria as condições externas desta disputa através de uma igualdade jurídica entre os contendores.

Tal solução recupera um antigo elemento da ordem política: a separação entre o público e o privado. O Estado estaria autorizado a intervir, regular, normatizar e, se necessário, punir tudo aquilo que estiver fora do espaço de liberdade dos indivíduos, considerado esfera privada, constituindo um espaço público que diz respeito a todos. Prudentemente, a burguesia em ascensão colocaria neste campo privado a propriedade e as ações propriamente econômicas ligadas à produção e reprodução da riqueza.

Uma vez apartadas como realidades distintas e antagônicas, de um lado indivíduos que por tendência natural ambicionariam não limitar sua ação, e, por outro, a necessidade de limitá-la através da imposição da lei pelo poder do Estado, tornando possível a "sociedade", o pensamento luta para tentar equacionar estas polaridades.

Kant procurar resolver o problema à luz de uma relação entre particular e universal cuja base é indisfarçavelmente o mercado. Diz o autor do esclarecimento:

> O meio que a natureza se serve para realizar o desenvolvimento de todas as suas disposições é o antagonismo das mesmas na sociedade, na medida em que se torna ao fim a causa de uma ordem regulada por leis desta sociedade. Entendo aqui por antagonismo a *insociável sociabilidade* dos homens, ou seja, a tendência dos mesmos a entrar em sociedade que está ligada a uma oposição geral que ameaça constantemente dissolver essa sociedade (Kant, 1986, p. 13).

Esta tensão seria resolvida em prol da sociabilidade por necessidade da razão, mas permaneceria como uma "insociável sociabilidade", na feliz expressão kantiana. Já em Adam Smith (*apud* Mészáros, 2002, p. 135), esta polarização aparece numa clássica solução liberal, na qual os interesses individuais particulares não seriam, de fato, antagônicos às formas da sociabilidade regida por leis, desde que esta se restringisse à regulação da esfera pública e à manutenção de uma estrutura jurídica fundada na defesa dos direitos naturais, principalmente o de propriedade. Diz Smith:

> Assim como todo indivíduo se esforça o quanto pode para empregar seu capital em apoio à indústria nacional e assim orientar essa indústria de modo a dotar seu produto maior valor possível, cada indivíduo necessariamente trabalha para tornar o rendimento anual da sociedade tão grande quanto possível. Em geral, ele não tenciona promover o interesse público nem sabe o quanto o está promovendo [...] é guiado por uma mão invisível para promover um objetivo que não fazia parte de suas intenções... ao buscar seu próprio interesse, é comum que promova o da sociedade com eficácia ainda maior do que quando tenciona realmente promovê-lo (idem, ibidem).

O ser social, assim, dilacera-se em dualidade inconciliável: de um lado como membro de uma sociedade civil burguesa, como indivíduo inserido em determinada divisão social do trabalho, proprietário privado de distintas mercadorias, como *bourgeois*; e, por outro, como indivíduos com direitos políticos, portadores de uma igualdade abstrata e jurídica que é responsável por sua genericidade, ou seja, como *citoyen*, como parte do Estado (Marx, 1993, p. 58-59). Torna-se um membro ilusório em uma comunidade ilusória, nas palavras de Marx.

A sociedade como objetivação e externação da ação humana se volta contra os seres humanos como um poder que lhes é estranho. Suas relações não se apresentam como resultado de sua ação no mundo e laços de interdependência com os demais, mas como algo "natural"; o próprio ser social, produto da ação dos seres humanos associados, apresenta-se de forma invertida, como se fosse produto de seu produto, isto é, como resultado de sua sociabilidade transformada em naturalidade e, portanto, inevitabilidade, tal como afirmam Marx e Engels:

> A partir do momento em que os homens vivem na sociedade natural,[1*] desde que, portanto, se verifica uma cisão entre interesse particular e o interesse comum, ou seja, quando a atividade já não é dividida voluntariamente, mas sim de forma natural, a ação do homem transforma-se para ele num poder estranho que se lhe opõe e o subjuga, em vez de ser ele a dominá-la (Marx; Engels, 1976, p. 40).

Ora, esta forma de compreender o fenômeno leva os autores a duas categorias essenciais ao seu pensamento e que se tornará, posteriormente, um alicerce nas formulações de Adorno: a ideologia e a alienação.

Distanciando-se da concepção hegeliana segundo a qual toda objetivação e externação leva a uma alienação, Marx argumentará que as dimensões da objetivação (*Vergegenständigung*) e da externação (*Entäusserung*), próprias da ação ontologicamente humana, ou seja, o trabalho, só produzem o estranhamento (*Entfremdung*) em determinadas conformações societárias, historicamente determinadas, cujos fundamentos encontramos na sociedade das mercadorias levada ao seu ápice sob o comando do capital. Afirma Marx, ao tratar do trabalho em sua forma estranhada:

> A alienação do trabalhador no seu produto significa não só que o trabalho se transforma em objeto [i.e., relativo à *Vergegenständigung*], assume uma existência externa [relativo à *Entäusserung*], mas existe independentemente, fora dele e a ele estranho, e se torna um poder autônomo em oposição com ele; que a vida que deu ao objeto se torna uma força hostil e antagônica [portanto relativo ao termo *Entfremdung*] (Marx, 1993, p. 160)[2*].

1.[*] O termo natural aqui pode ser mal compreendido. Na parte de *A ideologia alemã* da qual este estrato foi retirado, Marx e Engels acabavam de falar que no interior da divisão social do trabalho uma parte apresenta seus interesses particulares como se fossem universais, e que a expressão desta universalidade é o Estado. Os seres que vivem sob esta "universalidade ilusória" a veem como "natural". É neste sentido que a frase deve ser entendida.

2.[*] Os comentários entre colchetes são meus.

Desta forma, a sociedade como produto do trabalho estranhado, alienado, se apresenta como algo incompreensível aos seres humanos, como uma força hostil naturalizada e justificada, desistoricizada. Esta seria a base para que Marx e Engels chegassem a um conceito dito negativo da ideologia. Para os autores de *A ideologia alemã*, ideologia seria inseparável de suas funções de inversão, naturalização, justificativa, obscurecimento e, principalmente, de apresentar o interesse particular como se fosse universal. Desta forma, para os autores, ideologia seria inseparável da dominação de classe.

O trabalho alienado, as relações mercantis, a inevitável fetichização e a reificação dela consequente seriam as bases materiais para a alienação, e a ideologia a forma de apresentar esta inversão real como se não fosse inversão, garantindo a reprodução das condições que permitem a uma classe ser a classe dominante, a reprodução das relações de dominação dentro das quais uma classe se torna a classe dominante.

Para Horkheimer, em um texto publicado em 1934, Marx não teria tratado o tema da ideologia em toda sua profundidade ao enfatizar o aspecto da "falsificação" pela "fortaleza de mentiras da ciência oficial" (Horkheimer *apud* Konder, 2002, p. 77), levando à possibilidade de um resgate por parte de "intelectuais acadêmicos" do conceito de ideologia como mera "relatividade da consciência", domando sua "periculosidade" (idem, ibidem).

Na verdade, há muito mais do que um sentimento de incompletude na análise de Marx sobre a ideologia, tanto em Horkheimer como depois em Adorno, mas a certeza de que as pistas lançadas por Marx e Engels são incapazes de captar o real diante da emergência de elementos contemporâneos extremamente perturbadores. A ascensão do nazifascismo, por um lado, e os descaminhos da experiência socialista na URSS sob o stalinismo, fazem com que os autores do Instituto de Pesquisa Social buscassem compreender não apenas os claros interesses de classe por trás destas manifestações, mas, principalmente, porque os trabalhadores acabaram por sustentá-las e legitimá-las.

Em um diálogo crítico com *História e consciência de classe* de Lukács, Horkheimer questiona se a capacidade de compreender a realidade contra a deformação ideológica poderia ser associada à posição de classe do proletariado, concluindo amargamente que:

> Não existe mais uma classe social em cuja compreensão seja possível nós nos basearmos, agora. Nas circunstâncias atuais, qualquer camada da sociedade pode apresentar uma consciência ideologicamente distorcida e corrompida, por mais que sua posição possa lhe conferir uma vocação para a verdade (Horkheimer *apud* Konder, op. cit., p. 79).

As "circunstâncias atuais", ou seja, o nazifascismo e a deterioração burocrática na URSS, realmente se apresentavam como tragicamente enfáticas, e, de fato, levam os autores do Instituto de Pesquisa Social a argumentar, corretamente, que a mera posição de classe do proletariado não seria garantia de uma consciência que fosse capaz de superar a deformação ideológica na busca do conhecimento do real. Desta forma, Horkheimer e Adorno buscam numa releitura do pensamento alemão, principalmente, outros elementos para que fosse possível decifrar este enigma, encontrando elementos que passariam a ser essenciais em suas abordagens teóricas em Kant, Weber, Freud, Nietzsche e outros. Podemos citar como exemplo a própria noção de esclarecimento recuperada de Kant, e de desencantamento partindo deste para seu discípulo Weber, como a noção de inconsciente e cultura de Freud, ou a crítica "sombria" de Nietzsche.

Certamente, o livro de maior impacto que revela esta aproximação é o *Dialética do esclarecimento*, escrito ainda antes do fim do conflito mundial em 1945. A função da ideologia seria reatualizada e aprofundada através da análise da predominância de uma razão instrumental e calculadora, numa clara apropriação do universo terminológico weberiano, que teria por principal manifestação a camuflagem das contradições e conflitos naquilo que os autores chamaram de "ilusão de harmonia". A obra de arte, por exemplo, quando revela a contradição, naquilo que Lukács definia como realismo, e que será depois criticado pelos autores, contribui, independentemente da posição de classe do autor, para a compreensão do real e seu desvelamento; no entanto, a forma atual da arte se apresenta como um velamento da contradição, impondo a denominada "ilusão de harmonia". Diante disso, Adorno e Horkheimer (1985, p. 147) afirmam que "[...] os que sucumbem à ideologia são exatamente os que ocultam a contradição".

O conceito mais importante desta obra é, sem margem de dúvida, o de "indústria cultural". A produção em série e o barateamento da obra de arte levam não ao fruir artístico, mas à passividade, à resignação, ao mero "divertimento" que revela o "estar de acordo" (idem, p. 135). A indústria cultural não apenas oferece os produtos culturais na forma de mercadorias, mas produz a própria necessidade de que seus produtos virão a satisfazer; "[...] quanto mais sólidas se tornam as posições da indústria cultural", mais esta indústria pode lidar com as necessidades de seus consumidores "[...] produzindo-as, dirigindo-as, disciplinando-as e, inclusive, suspendendo a diversão" (idem, ibidem). Assim, "[...] mesmo quando o público se rebela contra a indústria cultural, essa rebelião é o resultado lógico do desamparo para o qual ela própria o educou" (idem, ibidem).

Para Adorno e Horkheimer "[...] o novo não é o caráter mercantil da obra de arte, mas o fato de que, hoje, ele se declara deliberadamente como tal", renegando sua própria autonomia. Os autores parecem indicar, ao analisar a indústria cultural, algo que revela um elemento importante na compreensão da ideologia em sua forma atual: ela não mais recobre-se da imponência do discurso que pretende desvelar o real, mas apresenta-se como um discurso vago e descompromissado, sem exigência alguma de verificabilidade. Tal forma não a torna menos poderosa, muito menos perde sua eficácia como "instrumento de dominação", pelo contrário, é exatamente nesta "vagueza" e "descompromisso" que a arte se converte "[...] na proclamação enfática e sistemática do real" (idem, p. 138), aproximando-se da visão de Zizek quando ironiza esta crueza com a máxima: bem-vindo ao deserto do real.

Em outra obra, Zizek (2009) afirmará que a regressão ideológica presente, por exemplo, no cinema de nossos dias, não deve ser buscada na defesa declarada da ordem, mas muitas vezes no aparente espírito crítico da obra que bem manifesta a expressão "defesa enfática e sistemática do real". Estamos, segundo Zizek, na época da consciência cínica, ou seja, os homens fazem e sabem que o fazem, de forma que o segredo não se reduz ao que está implícito no subtexto da obra de arte, mas naquilo que ela revela. Dando como exemplo o desenho animado *Kung Fu Panda* e seu suposto ingrediente secreto de uma sopa, o autor esloveno se pergunta, então, "onde está a ideologia neste filme"? E responde:

> A mensagem é: "sei muito bem que não existe ingrediente especial, mas ainda assim acredito nisso (e me comporto de acordo)". A denúncia cínica (no nível do conhecimento racional) é contra-atacada por um chamado à crença "irracional" — e essa é a fórmula mais elementar de funcionamento da ideologia nos dias de hoje (Zizek, 2009, p. 16).

Provocativamente, Adorno, em outro trabalho, afirmará que, ao contrário do que apregoava Hegel, a verdade não está no todo, o "todo não é o verdadeiro" (1992, p. 42), mas apenas aquilo que se coloca no lugar da percepção do real para esconder suas contradições. Com Horkheimer, em *Dialética do esclarecimento*, já havia afirmado que "[...] a terra totalmente esclarecida resplandece sob o signo de uma calamidade triunfal" (Adorno; Horkheimer, 1985, p. 19), e, da mesma forma, afirma agora que "[...] onde tudo é mais claro, reinam em segredo os resíduos fecais" (Adorno, 1992, p. 35).

Apesar da inegável e original contribuição de Adorno e Horkheimer para o aprofundamento do conceito de ideologia e a atualização dos meios pelos quais ela se impõe na contemporaneidade, os autores foram de certa forma vítimas do tempo que lhes conferiu originalidade. Diante de um momento de retrocesso e prolongada reversão civilizatória, do qual o nazismo é só a expressão mais visível e didática, e, principalmente, a aparente disposição da classe trabalhadora em conviver com esta reversão aceitando os termos da consciência cínica, estes autores acabaram apostando no protagonismo de um grupo decidido de intelectuais capazes de exercitar a dialética negativa, recuperando por caminhos tortuosos a postura de Mannheim que eles mesmos haviam tão duramente criticado, segundo a qual, diante da natureza do fenômeno ideológico e as distorções provocadas pelos interesses de classe, somente um grupo com uma posição exatamente de equidistância destes interesses principais poderia chegar a um conhecimento não distorcido da sociedade.

Para nós, duas observações se fazem necessárias: 1) os pensadores de Frankfurt têm razão ao questionar a pretensão de uma classe, por sua posição, ser portadora de uma consciência não ideológica; mas a possibilidade de superação das condições que tornam possível o fenômeno ideológico ainda está diretamente ligada à capacidade de uma classe social superar a ordem do capital, e esta classe continua sendo o proletariado; 2) as condições em que se inserem o proletariado são, ao mesmo tempo, as bases materiais de sua alienação e a possibilidade de sua emancipação.

Os trabalhadores submetidos à ordem do capital, como parte insuperável de seu metabolismo, são simultaneamente individualizados, atomizados, na concorrência, mas não podem deixar de ser um ser social, pois esta contraditoriedade é própria do ser mesmo do capital, fundado na apropriação e acumulação privada da riqueza, mas constituído de forma que só pode existir como uma força social combinada e que só pode se mover com o concurso dos esforços de toda a rede dos seres que conformam a sociedade em cada momento. As condições da exploração do trabalho, da desumanização e alienação/estranhamento a que são necessariamente submetidos os trabalhadores se chocam com as condições de produção social da vida, ameaçando-as, constituindo, desta forma, patamar para novas sociabilidades, contra e para além do capital; primeiro como resistência passiva, depois como luta aberta e, finalmente, como alternativa histórica.

A correta avaliação da força e da eficiência da dominação ideológica não pode nos desarmar diante do fato de que a contradição objetiva entre as forças produtivas avançadas e a forma das relações sociais hoje existentes solapam na base qualquer delírio ideológico e abrem espaço para o desvelamento necessário àqueles que buscam o caminho da emancipação.

"[...]a revolução, portanto, é necessária não apenas porque a classe dominante não pode ser derrubada de outra forma, mas também porque somente com uma revolução a classe que derruba detém o poder de desembaraçar-se de toda a antiga imundície e de se tornar capaz de uma nova fundação da sociedade." (Marx e Engels)

Referências

ADORNO, T. *Minima moralia*. São Paulo: Ática, 1992.

ADORNO, T.; HORKHEIMER, M. *Temas básicos de sociologia*. São Paulo: Cultrix, 1978.

ADORNO, T.; HORKHEIMER, M. *Dialética do esclarecimento*. Rio de Janeiro: Zahar, 1985.

DURKHEIM, E. *As regras do método sociológico*. São Paulo: Editora Nacional, 1976.

DURKHEIM, E. *Da divisão social do trabalho*. São Paulo: Martins Fontes, 1995.

DURKHEIM, E. *Sociologia e filosofia*. Rio de Janeiro: Forense, 1970.

ELIAS, N. *O processo civilizador*. Rio de Janeiro: Zahar, 1996. v. 2.

KANT, I. *A ideia de uma história universal de um ponto de vista cosmopolita*. São Paulo: Brasiliense, 1996.

LUKÁCS. G. *História e consciência de classe*. Porto: Escorpião, 1974.

MARX, K. *Manuscritos econômicos e filosóficos*. Lisboa: Edições 70, 1993.

MARX, K. *Grundrisse*. Ciudad de México: Siglo Veintiuno, 1998. v. 3.

MARX, K.; ENGELS, F. *A ideologia alemã*. São Paulo: Martins Fontes, 1976. v. 1.

MÉSZÁROS, I. *Para além do Capital*. São Paulo: Boitempo, 2002.

WEBER, M. *Ensaios de sociologia*. Rio de Janeiro: Zahar, 1979.

ZIZEK, S. *Lacrimae rerum:* ensaios sobre cinema moderno. São Paulo: Boitempo, 2009.

Classes, sujeitos históricos e mudança social

> *"Quando nós nos ocupamos com o sensível,
> então não somos livres em nós mesmos,
> mas o somos no outro."*
>
> J. W. Hegel

Mudar o mundo, ainda?

Existe um sujeito na história? O proletariado pode hoje ainda ser considerado um sujeito histórico capaz de um projeto societário? Por um lado, temos a afirmação de que as mudanças ocorridas na sociedade contemporânea alteraram de tal maneira os fundamentos de nossa sociabilidade que não mais podemos atribuir o papel central que as classes sociais ocupavam sob o capitalismo nos séculos passados, tal como expresso no pensamento, por exemplo, de Habermas (1999) ou Dahrendorf (1982). De outro, entre aqueles que aceitam a afirmação de que tais mudanças alteraram os fundamentos da organização social contemporânea, mas não abandonaram a perspectiva de transformação social, busca-se um "novo" sujeito que possa substituir o velho proletariado, condenado ao virtual desaparecimento ou à inevitável fragmentação, diluição ou adequação definitiva à ordem que esperava negar, como paradigmaticamente se apresenta em André Gorz (1987, 1988).

O pensamento pós-moderno resolve este dilema de maneira criativa. Não cabe a questão, pois, na verdade, não há sujeito na história, uma vez que esta não tem sentido ou direção, não cabendo qualquer teleologia. Neste registro, não se trata propriamente de uma alteração no papel do proletariado que guardaria antes a potencialidade de converter-se em sujeito histórico e que, diante das alterações contemporâneas, se dilui como um segmento social a mais no tecido social. Mas do desmascarar que esta pretensão nunca passou de um discurso, adequado aos fundamentos da modernidade que considera o homem como sede da razão, como podemos verificar na crítica de Foucault (1984, 1995).

A base desta crise de paradigmas, como aliás foi identificada, seria a evidência fenomênica de que o proletariado teria sucumbido ao processo de reestruturação produtiva do capital empreendido a partir dos anos 1980, marcado pela passagem do padrão de acumulação fordista em direção à chamada acumulação flexível (Antunes, 1999). Seja, em um registro, pelo seu virtual desaparecimento, seja, em outro, pela perda de suas características centrais profetizadas por Marx, estaríamos diante da necessidade de buscar novos sujeitos, ou de abandonar de vez esta ideia e nos rendermos ao jogo do aleatório boiando em uma história sem sentido.

Acreditamos que este tema está associado a uma importante questão: a forma contemporânea das estratégias de transformação social e, por consequência, as estratégias conservadoras operantes na intenção de manutenção da ordem.

Mudança social e classes

O pressuposto que se coloca em questão é a afirmação segundo a qual a história tem sido a história da luta de classes, tal como expressa por Marx e Engels (1980) no *Manifesto Comunista*[1]. Para o pensamento marxiano e engelsiano, as formas societárias expressam certos momentos do desenvolvimento das forças produtivas materiais. Num determinado momento histórico, ao dividir a sociedade em interesses antagônicos e inconciliáveis, ou seja, em classes, as formas sociais determinadas passam a representar interesses das classes que, pela posição que ocupam no seio das relações sociais de produção e propriedade, se apresentam como classes dominantes.

Neste sentido, a sociedade capitalista que emerge da crise da forma feudal se personificaria nos interesses de classe da burguesia e esta, por sua posição e ação histórica, constitui o sujeito histórico cuja intencionalidade objetiva aponta para a consolidação e reprodução da ordem do capital.

O desenvolvimento do modo de produção capitalista e suas contradições levariam à possibilidade de sua superação na direção de uma nova forma societária, uma sociedade mundial, sem classes e sem Estado: o comunismo. Ora, coerente com sua compreensão do mundo e da história, Marx é obrigado a materializar esta tendência objetiva no campo de uma ação subjetiva, isto é, procurar a personificação da tendência histórica da superação da ordem do capital numa classe social que assumisse a intencionalidade de ruptura, apontando para uma sociabilidade emancipada. Assim como no caso da burguesia à sua época, o novo sujeito histórico não pode brotar do futuro, ou seja, ser produto de novas relações sociais a serem criadas, mas dos germes e das contradições do presente no qual o velho modo de produção acusa suas contradições com a produção social da vida. Assim é que Marx chega ao proletariado, a uma classe *na* sociedade civil burguesa, que não pode ser uma classe *da* sociedade civil burguesa.

Ao mesmo tempo que é seu produto mais autêntico e base essencial para o ciclo de produção e acumulação do capital, o proletariado se antagoniza com a ordem do capital, primeiro através de lutas

---

[1]. "A história de todas as sociedades que existiram até nossos dias tem sido a história da luta de classes" (Marx; Engels, 1980, p. 8).

imediatas, até alcançar uma dimensão política que poderia convertê-lo em um sujeito histórico capaz de independência e autonomia histórica.

Diz Marx (1976, p. 136):

> As condições econômicas tinham a princípio transformado a massa da população em trabalhadores. A dominação do capital criou para essa massa uma situação comum, interesses comuns. Por isso, essa massa é já uma classe diante do capital, mas não o é ainda para si mesma. Na luta, de que só assinalamos algumas fases, essa massa reúne-se, constitui-se em classe para si mesma. Os interesses que defendem tornam-se interesses de classe. Mas a luta de classe como classe é uma luta política.

Já em *O capital*, Marx ([19--], p. 881) afirma que com a centralização e concentração dos principais meios de produção como resultado do próprio processo da concorrência:

> À medida que diminui o número dos magnatas capitalistas que usurpam e monopolizam todas as vantagens desse processo de transformação, aumenta a miséria, a opressão, a escravização, a degradação, a exploração; mas, cresce também a revolta da classe trabalhadora, cada vez mais numerosa, disciplinada e organizada pelo mecanismo do próprio processo capitalista de produção. O monopólio passa a entravar o modo de produção que floresceu, com ele e sob ele. A centralização dos meios de produção e a socialização do trabalho alcançam um ponto em que se tornam incompatíveis com o envoltório capitalista. O invólucro rompe-se. Soa a hora final da propriedade particular capitalista. Os expropriadores são expropriados.

Vemos assim que a pergunta se o proletariado é ou não um sujeito histórico é um pouco mais complexa do que parece: é e não é. Pela sua própria existência, o proletariado já é uma classe, mais ainda não o é, apenas se torna uma classe na luta contra a burguesia, daí a enigmática frase de Marx e Engels (1967) afirmando a constituição do proletariado como proletariado. Esta constatação leva Lukács a afirmar que:

O proletariado é, pela sua própria existência, a crítica, a negação dessas formas de vida (a desumanidade e a reificação próprias da ordem capitalista). Mas até que a crise objetiva do capitalismo esteja consumada, até que o próprio proletariado tenha conseguido discernir completamente essa reificação, e como tal, apenas negativamente ascende acima de uma parte do que nega. Quando a crítica não ultrapassa a simples negação de uma parte, quando, pelo menos, ela não tende para a totalidade, então não pode ultrapassar o que nega (Lukács, 1978, p. 91-92).

A forma cotidiana de expressão imediata do proletariado é sua fragmentação serializada na forma de indivíduos submetidos à concorrência pela venda da força de trabalho (Sartre, 1979; Pereira, 1978, p. 70). A vivência das relações de exploração pode colocar os trabalhadores em luta por suas demandas imediatas e, com isso, em choque com o capital e seu processo de valorização. Em certas condições, nas quais uma ameaça de caráter geral se confronta com o conjunto da classe, pode-se produzir uma fusão que supera a serialidade inicial em uma conformação de classe (classe em si) e, no curso desta luta, desenvolve a possibilidade de esta classe que se levanta contra o capital assumir o papel de um sujeito histórico (uma classe para si). Como argumenta Lukács, no curso deste movimento no qual a classe se constitui enquanto classe, partindo dos momentos particulares e da inserção na imediaticidade da vida, a possibilidade de emancipação se encontra diretamente naquilo que o autor húngaro denominou de "possibilidade objetiva", isto é, a capacidade de, a partir da posição particular em que se encontra, uma classe apontar para a totalidade que a insere e a determina nesta posição particular.

O pressuposto da visão marxiana é que as relações sociais que constituem o capital são exatamente a base material que pode sustentar a prerrogativa de o proletariado tornar-se uma classe universal. É, no entanto, exatamente esta base que a atual ofensiva ideológica da ordem ataca, sustentada na aparência empírica do suposto desaparecimento da classe trabalhadora pelo fim da centralidade do trabalho.

Gorz (1987), por exemplo, afirmará que teria se rompido o vínculo entre o desenvolvimento das forças produtivas e a formação do proletariado, não apenas porque o proletariado não mais cresce numericamente com o desenvolvimento das forças produtivas impulsionados pelo capitalismo, mas também pelo fato de que a natureza deste desenvolvimento, fundamental para a valorização do valor e para a acumulação privada, não seria a base material para uma futura sociedade capitalista como teria imaginado Marx. Da mesma forma, o desenvolvimento do capitalismo e suas crises, apesar de traumáticas e devastadoras, não apresentam uma disjuntiva definitiva entre a manutenção ou superação do capital, mas, em suas palavras, o capital desenvolveu a incrível capacidade de sobreviver ao seu mau funcionamento.

Reduzido a uma parte pequena da população, o proletariado estaria tentado muito mais a associar seus interesses aos da burguesia, na garantia das condições favoráveis para a acumulação capitalista, condição para que seus interesses de manutenção de emprego, renda e capacidade de consumo fossem garantidos.

Para o autor, o que ocuparia o lugar do proletariado seria uma não classe de não trabalhadores, ou seja, os contingentes que, expulsos das condições do trabalho heterônomo, seriam obrigados a encontrar formas de garantir a existência não subordinada ao capital e ao mercado e, uma vez as encontrando, passariam a constituir as bases de uma nova sociabilidade. Este raciocínio torna-se a base de uma série de formulações que vão desde a imprecisa noção apresentada por Gorender (1999, p. 37-38) sobre o caráter "ontologicamente reformista" do proletariado, até a pretensão de John Holloway (2003) de mudar o mundo sem tomar o poder, passando pela tese das multidões de Negri (1980, 1999).

O que há de comum entre estas formulações, em outros aspectos tão diversas, é a aceitação da tese segundo a qual o movimento do real não confirmou a tese de Marx sobre o proletariado. O desenvolvimento do capitalismo contemporâneo não teria unificado, organizado e disciplinado a maioria da população ao transformá-la em trabalhadores, muito menos condenado esta massa de trabalhadores à condição de existência que a levaria à revolta. Pelo contrário, diminuiu seu número, fragmentou e pulverizou seus membros, seja pela distância espacial tornada possível pela globalização e o desenvolvimento de novas tecnologias de produção, informação e comunicação, seja pela reorganização do espaço do trabalho.

O papel antes atribuído ao proletariado caberia agora a setores amplos formados não propriamente por classes, mas por camadas que se unem no calor de eventos traumáticos e nada têm a perder, exatamente por se constituir pelos setores que foram expropriados, inclusive da condição de vender sua força de trabalho, privilégio restrito a uma minoria[2].

A versão mais radical desta postura, no entanto, aparece em Foucault e sua tese sobre a "morte do sujeito". Negri, Holoway e Gorender ainda buscam substituir o proletariado por um sujeito coletivo, ainda que tenha seus contornos de classe diluídos pela multidão, pelos camponeses, indígenas, pelo amálgama de categorias e setores sociais, ou pela particularidade específica de uma categoria. Já em Foucault, a crítica é mais profunda: não há sujeito na história porque a história não é uma construção teleológica de ninguém — nem indivíduos, nem classes —, mas fruto da aleatoriedade e do acaso que posteriormente é violentamente apropriado pelos discursos que procuram atribuir sentido aos acontecimentos.

Diz Foucault (1984, p. 28):

> As forças que se encontram em jogo na história não obedecem nem a uma destinação, nem à mecânica, mas ao acaso da luta. Elas não se

---

2. Neste aspecto, Gorender caminha em outra direção. Ainda que compartilhe com os fundamentos mais gerais que levam a afirmar que Marx não superou a dimensão utópica ao manter o proletariado como um sujeito histórico que não corresponde aos trabalhadores "concretos concretamente existentes", defende que a camada social capaz de substituir o proletariado, pela sua posição no interior das relações atuais de produção, seriam os "trabalhadores intelectuais" ligados à produção tecnológica aplicada à produção. Há uma clara recuperação aqui da antiga tese de Nisbet (1959 *apud* Chavel, 2002, p. 58) sobre a formação de uma classe de trabalhadores intelectuais e técnicos.

manifestam como formas sucessivas de uma intenção primordial; como também não tem aspecto de um resultado. Elas aparecem sempre na álea singular do acontecimento.

Tal concepção no universo foucaultiano se articula com sua visão sobre o poder, isto é, para ele, o poder não pode ser confundido com uma coisa ou um centro, a partir do qual se irradia para toda a sociedade, mas se apresenta de maneira reticular e se espalha por toda a sociedade; e é nas suas relações imediatas onde o poder está e se impõe de maneira insidiosa. A mudança social não pode ser pensada, desta forma, como ação de uma classe pela tomada do poder de Estado e da socialização dos meios de produção, mas sim pela ação molecular e imediata em cada momento no qual o poder se impõe. Como foi afirmado em outra oportunidade[3], tal postura redefine o papel do intelectual e militante, assim como a própria noção de teoria.

Debatendo com Deleuze, Foucault (1984, p. 71) dirá que a teoria não pode pretender "traduzir" uma prática, pois ela tem que ser compreendida como uma prática, mas, acrescenta, "no local, no regional... não totalizadora", chegando-se a uma teoria não para a "tomada de consciência", mas como uma espécie de "sistema regional desta luta". Tal postura o leva a uma conclusão inquietante: "O que os intelectuais descobriram recentemente é que as massas não necessitam deles para saber, elas sabem perfeitamente, claramente, muito melhor do que eles" (Foucault, 1984, p. 71).

A vítima desta aproximação tão sedutora é a perspectiva da totalidade. O sujeito histórico é substituído por vários sujeitos particulares e pontuais, e a ruptura revolucionária por uma revolução molecular que se confronta com o poder e o assujeitamento ali onde ele se apresenta.

Podemos ver um exemplo prático das consequências desta aproximação na tese de Holloway sobre mudar o mundo sem tomar o poder.

---

3. Ver a respeito "Foucault: o general da tática (sobre diálogos, seduções e resistências)". In: *Dilema de Hamlet, o ser e o não ser da consciência* (Iasi, 2002).

A antipolítica de Holloway

Partindo de uma contundente crítica à centralidade da luta pela tomada do poder de Estado, seja na versão revolucionária do leninismo, seja no reformismo social democrata, Holloway (2003, p. 25) afirma que ambos os enfoques "fracassaram ao realizar suas expectativas". Para ele, este fracasso se explica por uma visão que considera "fetichista" do Estado, uma vez que "[...] o que o Estado faz está limitado e condicionado pelo fato de que existe só como um nó em uma rede de relações sociais, que se centra de maneira crucial, na forma em que o trabalho está organizado".

Apesar da referência ao caráter reticular do poder como em Foucault, parece que o autor chega à noção de um "sistema de organização capitalista" do qual o Estado é parte. O resultado deste poder, ao mesmo tempo reticular e que conforma um sistema, parece levar à constatação de que a mera tomada do Estado, deixando inalterada a rede de relações através das quais o poder do capital de articular seria a causa da ineficiência da ação tradicional que espera a mudança social. Mais que isso, segundo o autor, isso levaria a uma "instrumentalização da luta" (idem, p. 31), isto é, assim como o Estado é um instrumento para a manutenção da ordem do capital, seria um instrumento a partir do qual seria possível mudar a sociedade.

Esta instrumentalização levaria a uma inevitável hierarquização da luta, cuja separação entre lutas econômicas imediatas e lutas políticas seria apenas um exemplo, além de acabar por "filtrar" e "ocultar" dimensões da vida (afetividade, sensualidade, humor etc.) que, ao serem secundarizadas diante da valorização da ação política organizada, acabam por ser suprimidas. A crítica à centralidade da luta pelo poder se transforma, assim, em crítica da forma predominante desta ação, ou seja, a organização.

A conclusão de Holloway (2003, p. 32) é peremptória: "Não se pode construir uma sociedade de relações de não-poder por meio da conquista do poder. Uma vez que se adota a lógica do poder, a luta contra ele já está perdida". Em lugar, segue o autor, de abolir as relações de poder, a ação centrada na conquista do poder acaba por levar à "extensão do campo de suas relações no interior da luta contra o poder". Portanto, trata-se de criar novas relações baseadas no "mútuo reconhecimento da dignidade humana" constituindo "[...] relações sociais que não sejam relações de poder" (idem, p. 33).

Como se trata de uma negação da disputa pelo poder e, portanto, de se organizar para tanto, não é uma ação política, mas nos termos de seu formulador, uma "antipolítica", o que o leva a propor: "Pensemos em uma antipolítica de eventos em lugar de uma política da organização. Ou melhor ainda: pensemos na organização não em termos de ser, mas em termos de fazer" (idem, p. 314). Não bastaria uma simples negação, em seus termos uma "fuga", mas seria necessária a afirmação de maneiras alternativas de fazer, numa explícita referência a Hardt e Negri (2000, p. 212 *apud* Holloway, op. cit., p. 305), quando afirmam que a rejeição é em si mesma vazia, sendo necessário ir além dela e "[...] construir um novo modelo de vida e, sobretudo, uma nova comunidade".

Evidente que esta aproximação implica resolver uma questão incômoda: como construir relações de não poder em uma sociedade de classes? Como produzir alternativamente um modo de vida que seja a base para uma nova sociabilidade se nossa existência está subordinada ao capital pela propriedade dos meios de produção? Neste ponto, a análise torna-se tortuosa. O autor não desconhece esta determinação, mas não pode aceitá-la em toda sua extensão, pois implicaria estabelecer um vínculo entre a forma societária do capital e seu Estado, tendo que responder como a ação transformadora deveria encarar o poder político que articula, mantém, legitima e consolida uma ordem de dominação de uma classe.

Começando por afirmar que evitou o termo "meios de produção" por invocar imagens indissociáveis de uma certa tradição (ele prefere "meios de fazer"), e não ignorando que tais meios são controlados pelo capital, o que impede, de fato, a fuga, o autor conclui enfaticamente que os "expropriadores devem ser efetivamente expropriados" (idem, p. 306), para logo a seguir concluir espantosamente que "[...] o problema não é que os meios de produção sejam propriedade do capitalista" (Holloway, op. cit., p. 307), propondo que "[...] nossa luta não é para fazer nossa a propriedade dos meios de produção, mas para dissolver tanto a propriedade como os meios de produção... criar uma sociabilidade consciente e segura do fluxo social do fazer" (idem, ibidem).

Com o risco de parecer insistente, perguntaríamos: como? Mas a resposta é surpreendente:

> Então, como mudamos o mundo sem tomar o poder? No final deste livro, como no começo, **não sabemos**. Os leninistas sabem, costumavam saber. Nós não. A mudança revolucionária é mais desesperadamente urgente do que nunca, mas já não sabemos o que significa "revolução" (idem, p. 315) (grifo nosso).

É desesperador o grau de paralisia e revelador o ponto ao qual se pode chegar negando a totalidade e permanecendo nos limites insondáveis das aparências. É verdade, os "leninistas" costumavam saber, talvez, então, seja preciso recordar algumas coisas elementares.

Urgência na mudança do mundo

A mudança revolucionária nunca foi tão necessária e urgente. Por isso mesmo é fundamental que recuperemos, como conclusão, alguns elementos essenciais. A forma de sociabilidade determinada em que nos encontramos não é um acaso aleatório, mas sim a expressão histórica de um sistema de produção e distribuição fundados na ordem metabólica do capital, ou seja, da extração de mais-valia, socialização do trabalho e acumulação privada da riqueza socialmente produzida. Esta sociabilidade encontra na personificação da burguesia como classe o fator subjetivo que precisa manter as relações sociais no patamar que garanta a reprodução contínua da valorização e da acumulação privada, mas a manutenção dessas relações ameaça a reprodução social da vida. Ora, onde reside a possibilidade de mudança? Em uma classe que, sendo produto destas relações, entre em contradição com elas, como uma classe particular que pode apresentar a possibilidade de, por meio de sua ação, fundir-se com a genericidade universal contra o impasse universal representado pela burguesia.

E aí vem a surpresa. Esta classe existe, é cada vez mais numerosa[4], mundial, organizada e disciplinada pela produção capitalista (ainda que não seja nem organizada e disciplinada pela ação política das organizações revolucionárias, talvez muito ocupadas em promover "eventos"), e esta classe é o proletariado. Não por qualquer afirmação dogmática, mas pela posição que ocupa no interior das relações dominantes, pela possibilidade objetiva de vislumbrar a totalidade em que se insere e, ao se apropriar dos meios de produção social — o que pressupõe a quebra da máquina política estatal que garante as relações de propriedade e a hegemonia burguesa —, iniciar a construção de uma nova sociabilidade emancipada.

Referências

ANTUNES, R. *Os sentidos do trabalho*: ensaios sobre negação e afirmação do trabalho. São Paulo: Boitempo, 1999.

CHAVEL, L. Classes e gerações: a influência das hipóteses da teoria do fim das classes sociais. *Crítica Marxista*, São Paulo, n. 15, p. 57-70, 2002.

DAHRENDORF, R. *As classes sociais e seus conflitos na sociedade industrial*. Brasília: UnB, 1982.

FOUCAULT, M. *A microfísica do poder*. Rio de Janeiro: Graal, 1984.

---

4. Ver o artigo "Classes sociais e reestruturação produtiva do capital" (Iasi, 2009).

FOUCAULT, M. *As palavras e as coisas*. São Paulo: Martins Fontes, 1995.

GORENDER, J. *Marxismo sem utopia*. São Paulo: Ática, 1978.

GORZ. A. *Adeus ao proletariado:* para além do socialismo. Rio de Janeiro: Forense, 1987.

GORZ. A. *Métamorphoses du travail:* quête de sens. Paris: Galilée, 1988.

HABERMAS, J. *Discurso filosófico da modernidade*. Lisboa: Dom Quixote, 1999.

HARDT, M.; NEGRI, A. *Império*. Rio de Janeiro: Record, 2002.

HEGEL, J. W. *Introdução à história da filosofia*. São Paulo: Hemus, 1983.

HOLLOWAY, J. *Mudar o mundo sem tomar o poder*. São Paulo: Viramundo, 2003.

IASI, M. L. *O dilema de Hamlet, o ser e o não ser da consciência*. São Paulo: Viramundo, 2002.

IASI, M. L. Classes sociais e reestruturação produtiva do capital. *Novos Temas*, Revista de Estudos Sociais e Ciências Humanas, São Paulo, Instituto Caio Prado Jr., p. 161-173, 2009.

LUKÁCS, G. *História e consciência de classe*. Porto: Escorpião, 1974.

MARX, K. *O capital*. Crítica da economia política. Livro 1, v. 2. Rio de Janeiro: Civilização Brasileira, [19--].

MARX, K. *Miséria da filosofia*. Porto: Escorpião, 1976.

MARX, K.; ENGELS, F. *O manifesto comunista*. São Paulo: CHDE, 1980.

MARX, K.; ENGELS, F. *La sagrada familia*. México: Grijalbo, 1967.

NEGRI, A. *Del obrero-masa al obrero social*. Barcelona: Anagrama, 1980.

NEGRI, A. *Insurgents*: constituent power in a modern State. Mineapolis: University of Minnesota Press, 1999.

PEREIRA. L. *Classe operária:* situação e reprodução. São Paulo: Duas Cidades, 1978.

SARTRE, J.-P. *Crítica de la razón dialéctica*. Buenos Aires: Losada, 1979.

A Revolução Russa e os próximos cem anos*

> *"Se muito vale o já feito*
> *Mais vale o que será*
> *E o que foi feito é preciso conhecer*
> *Para melhor prosseguir*
> *[...]*
> *Outros outubros virão*
> *Outras manhãs plenas de sol e de luz."*
>
> Fernando Brant

Os grandes acontecimentos só podem ser definidos na perspectiva do devir, isto é, de tudo que o segue e na dimensão dos rumos que acabam por se consolidar na história. Não há dúvida de que a Revolução Russa foi um grande acontecimento, ainda que se debata intensamente sobre seu significado, não se pode ignorar o quanto este evento histórico marcou a vida de milhares de pessoas, influenciou profundamente o século XX e, como acreditamos, influenciará também o século que se inicia.

---

* Publicado originalmente em espanhol no livro *100 años de golpes y revoluciones* (actas del Simposio Internacional, Asunción, Paraguai, deciembre de 2017), Germinal/Prociência: Asunción, 2018.

No entanto, o devir é uma armadilha perigosa. Quando Olympe de Gouges, filha de um açougueiro, propôs em 1791 uma "Declaração de Direitos da Mulher e da Cidadã", foi tratada como louca e desnaturada, acabando por ir para a guilhotina em 1793. Colocando na perspectiva do devir histórico, da luta feminista, ela é hoje considerada uma precursora da luta pela emancipação da mulher, mas na sua época, e por um bom tempo, não passava de uma louca. Guardadas as proporções, algo semelhante ocorre com a Revolução Russa. Estamos convencidos de que ela se insere na dimensão temporal da transição de um modo de produção para outro, para o bem e para o mal. Isso significa que seu real significado histórico ainda está em aberto[1].

Lukács (1978) critica Hegel afirmando que, apesar de sua genialidade ao perceber a história como essencialmente a luta entre o velho e o novo, por vezes "[...] interpreta o novo com os princípios do velho, ao invés de utilizar os princípios do novo para uma autêntica crítica do velho" (Lukács, 1978, p. 79). A beleza e a maldição de nosso método materialista dialético é que ele nos serve para compreender e criticar a ordem burguesa e seus fundamentos, mas se volta como uma adaga afiada contra nossos peitos no momento em que vamos construindo nossa experiência histórica de superação da ordem capitalista. E é assim que deve ser. Como Hegel, também vivemos em uma época de transição histórica; como o grande filósofo alemão, por vezes interpretamos o novo com os princípios do velho mundo que agoniza, somos seres híbridos.

Sabemos que Marx (2007) compreendia os processos de mudança social como resultado de uma contradição fundamental entre o avanço das forças produtivas materiais e as relações sociais de produção, no entanto, como escapou à quase totalidade de seus críticos e alguns de seus seguidores, esta contradição fundamental torna possível,

---

1. Ao expor alguns procedimentos práticos para utilizar a lógica dialética, Lefebvre, baseado em Lênin (1975, p. 93), nos alerta que não devemos "[...] esquecer de captar as transições: transições dos aspectos e contradições, passagens de uns nos outros, transições no devir. Compreender que um erro de avaliação (como, por exemplo, acreditar-se estar mais longe no devir do que o ponto em que se está efetivamente, acreditar que a transição já se realizou ou ainda não começou), pode ter graves consequências" (Lefebvre, 1979, p. 241).

mas não produz a mudança histórica, ela só pode ser resultado da ação dos seres humanos determinados que vivem uma certa época. Tal aproximação cria um paradoxo: a construção do novo ocorre nas condições objetivas de prevalência do velho e o sujeito do futuro é um ser que só pode ter sido gerado nas condições legadas pelo passado, devendo, obrigatoriamente, atuar sobre uma objetividade dada.

Diante disso, a tentação é imaginar um sujeito transcendente que demiurgicamente gera o novo e a si mesmo do nada. Em sua crítica a Hegel, Marx enfrenta esta questão de maneira bastante original. Lukács (1978) apresenta esta originalidade da seguinte maneira: ao criticar o formalismo lógico no interior do qual Hegel buscava compreender o Direito e o Estado, ou seja, utilizando a coisa do Estado para comprovar a lógica e não se servindo da lógica para compreender a coisa do Estado (Marx, 2005, p. 38-39), Marx não descarta o caminho pelo qual o pensamento se apropria do real, portanto, a relação precisa que leva do singular ao universal por meio das particularidades, mas não pode aceitar a singularidade como algo prévio à materialidade, que mergulha nas particularidades do real para elevar-se, misticamente, no universal, como seu outro idêntico. É obrigado a encontrar o caminho tortuoso da materialidade no processo mesmo de sua constituição.

Por exemplo, a burguesia personifica as relações sociais que expressam a produção e reprodução do valor, mas ela não pode expressá-las antes que estejam dadas nas condições de sua existência. A burguesia não poderia criá-las, pois é sua expressão, então, de onde vieram? É neste ponto que o marxista húngaro destacará uma contribuição teórica, por vezes negligenciada: a casualidade.

Diz Lukács:

Assim, em Marx, a primeira etapa é "a forma de valor simples, singular, ou seja, acidental"[2]. Que aqui a singularidade não seja a única carac-

---

2. Aqui Lukács se refere à forma como Marx expõe o item 3 do primeiro capítulo de *O capital* sobre a forma do valor. O item A tem por título "a forma de valor simples, individual ou ocasional", na tradução de Rubens Enderle (Marx, 2013: p. 125), ou, na tradução de Reginaldo

terística de desenvolvimento do valor, é algo certamente não casual. Precisamente porque entre as características, ao lado da singularidade, figura a casualidade, temos aqui uma daquelas formulações importantes que, desde a época de Kant, estava na ordem do dia. Esta concretização é sobretudo histórica. Simplicidade, singularidade e — conjuntamente a elas — casualidade da forma valor designam a sua gênese histórica, o tipo e a estrutura do estágio inicial (Lukács, 1978, p. 96).

Cada conceito deve ser considerado em seu sentido histórico. Quando se trata de períodos de transição, a casualidade designa um caráter "imediato, socialmente não desenvolvido" de algo que só "[...] gradualmente se realiza sob uma forma explicitada no curso do desenvolvimento histórico" (idem, p. 97). Em um outro exemplo, Marx se pergunta de onde se originaram os capitalistas (Marx, 2013, p. 813); e sua resposta é surpreendente, pois não teriam se originado na transformação da corporação de ofício em manufatura nas cidades, mas do arrendatário capitalista no campo. No início, este personagem não difere muito da situação do camponês, mas, durante um lento processo que se arrasta por séculos, ele se converterá em arrendatário capitalista. Por quê? Porque por uma série de fatores que Marx descreve, ele passa a usar a força de trabalho assalariada para cultivar seus lotes. A forma salário é ainda casual, acidental, fortuita, mas, no contexto das transformações que se dão à época (os cercamentos e expulsão dos servos, as transformações das técnicas agrícolas, a forma de arrendamento com contratos longos etc.), vão se transformando de causalidade para tendência, constituindo a base de uma forma particular de produção de mercadorias, ao mesmo tempo que se expressa como personificação de uma nova situação, fundada na separação do produtor direto de seus meios de produção, na transformação destes em propriedade privada, na metamorfose dos meios de

---

Sant'Anna da edição da Civilização Brasileira, "a) Forma simples, singular ou fortuita do valor" (Marx, [19--], p. 55), ou ainda, na tradução de Regis Barbosa e Flávio Kothe na edição da Nova Cultural (1988, p. 54), "forma simples, singular ou acidental de valor".

subsistência em elementos do capital variável e base para formação de um mercado interno.

É do conhecimento de todos que a Revolução Russa ocorre em uma formação social que dava seus primeiros passos na ordem capitalista, ainda profundamente marcada pelas relações que se encontravam na base do regime czarista. A possibilidade de uma revolução socialista na Rússia não pode ser compreendida em si mesma, mas sim pelo grau de amadurecimento da luta de classe e do proletariado europeu na segunda metade do século XIX. A síntese deste dilema pode ser assim apresentada: uma formação social na qual amadurecem as condições políticas para uma revolução socialista, sem que estejam dadas plenamente as condições objetivas.

Os revolucionários russos sabiam disso perfeitamente. Não considerando os *mencheviques* — que, diante desta constatação, tinham uma leitura determinista que os levava a crer na impossibilidade de uma revolução proletária e a necessidade de um período de desenvolvimento capitalista democrático —, Lênin sabia bem que a revolução na Rússia serviria de retaguarda para a revolução na Europa capitalista, fundamentalmente, na Alemanha. Em uma leitura superficial, pareceria que Marx dá razão aos *mencheviques* e sua cautela, uma vez que afirma, peremptoriamente, que "[...] uma sociedade jamais desaparece antes que estejam desenvolvidas todas as forças produtivas que possa conter", e ainda mais que isso, que as novas relações sociais nunca podem surgir sem que "[...] as condições materiais de existência dessas relações tenham sido incubadas no próprio seio da velha sociedade" (Marx, 2007, p. 46).

É aqui, no entanto, que a compreensão da mudança social como síntese de fatores subjetivos e objetivos ganha centralidade. A humanidade só se propõe tarefas que pode revolver, afirma o velho mouro, pois se existem aqueles que propõem uma revolução, devem existir, ou pelos menos estar em gestação, as condições materiais para tanto. A revolução era possível, mas teria que se realizar naquelas condições materiais dadas.

Vejam que, no raciocínio de Marx, está presente a ideia de casualidade. As condições objetivas não estão dadas, gestam-se no interior da velha sociedade, na tradução utilizada — são incubadas. A nosso ver, no entanto, esta dialética não deve nos levar ao estéril debate se era possível ou não uma revolução, pois ela tanto era possível que ocorreu! Preocupa-nos outra questão que direciona nossa reflexão para o tema da transição. Como os trabalhadores russos construiriam sua experiência socialista nas condições materiais existentes? Acreditamos que é neste ponto que se encontra a grandeza e os limites da trajetória da maior e mais importante revolução socialista até hoje existente, assim como a chave do seu significado no porvir.

Não cabe neste espaço uma recuperação histórica da Revolução Russa. Vou supor, portanto, que partimos de um conhecimento prévio dos acontecimentos (caso não seja verdade, bom, nunca é tarde para estudar este evento incrível). Destacarei um episódio que, a meu ver, concentra este dilema central, qual seja, no curso da transição, criamos o novo com os materiais legados pelo passado, portanto, até que ponto criamos o novo, até que ponto recriamos o velho sob nova forma? Até que ponto existiam germes (casualidades) que poderiam no devir apontar para o novo, até que ponto a inexistência destas bases objetivas determinou a forma e o destino da transição?

Entre 1918 e 1921, ocorre um debate no Partido e na sociedade soviética que nos parece expressar de forma didática esta questão: o debate sobre a forma de gestão da produção e o papel dos sindicatos.

É consenso entre os que estudaram este período que o país estava em ruínas[3] como resultado da Guerra Civil (1918-1920) que, além das forças contrarrevolucionárias, contou com a intervenção de 14 Estados da Europa, América e Ásia (Poliakov, et al., 1979, p. 62). Devemos lembrar que não se trata apenas da guerra civil, mas de um longo período no qual a Rússia passou pela guerra contra o Japão (1904-1905) e pelo conflito mundial (1914-1918), além de duas grandes revoluções (fevereiro e outubro de 1917).

---

3. Ver a respeito Poliakov, Leltchuk e Protopopov (1979), Carr (1979), Ponomarev (1960), Reis Filho (1983, 2003), Netto (1984).

Considerando as baixas desde 1914, temos mais de 20 milhões de mortos e cerca de 4,4 milhões de inválidos entre os 16 e 49 anos. As precárias condições de vida levavam à proliferação de epidemias — apenas o tifo atingiu 3,5 milhões de pessoas (idem, p. 104, 105). A economia resistia a duras penas. A produção agrícola caiu pela metade, a produção industrial caiu mais de dois terços, na grande indústria a queda foi de 80%, na produção de setores estratégicos, como carvão e petróleo, a queda chegou a 70% (Reis Filho, 2003, p. 71; Ponomarev, 1960, p. 389). A população das principais cidades reduzira-se de forma drástica, entre 1917 e 1920 a população de Petrogrado diminuíra em 57,5% e a de Moscou em 44,5% (Reis Filho, 1985, p. 99).

Tal situação provocava descontentamentos que se desdobravam em ações políticas contra o poder soviético, neste momento controlado quase que exclusivamente pelos bolcheviques[4]. Além das dramáticas revoltas de Kronstadt e a rebelião de Makhno, na Ucrânia, registram-se, em 1921, cerca de 118 movimentos insurrecionais entre os camponeses (Reis Filho, 1983, p. 30).

O racionamento do pão (de 200 gramas a 800 gramas de acordo com o setor econômico do trabalhador)[5] e do carvão para aquecimento das casas leva o proletariado de Petrogrado à greve em fevereiro de 1921, que se estende às principais usinas (Baltiski, Laferme, Ademiralteiski, Bormann, Metalicheski, e à maior do país, a usina Putilov) (Tragtenberg, 1988, p. 89). As greves operárias ganham o apoio da base militar naval de Kronstadt, que teve papel decisivo nas revoluções de 1917. O governo bolchevique decreta estado de sítio na cidade de Petrogrado e atacará Kronstadt (3 a 16 de março de 1921), com o saldo de 12 mil mortos entre o exército bolchevique e os marinheiros, além de mais de 2.500 prisioneiros, vários fuzilados ou deportados a seguir (Reis Filho, 1983, p. 13).

---

4. Após o fechamento da Constituinte em 1918, os Socialistas Revolucionários de esquerda rompem com o governo que já contava com a oposição de anarquistas e mencheviques.

5. Um carteiro recebia cerca de 200 gramas de pão preto, enquanto um operário da indústria pesada recebia 800 gramas (Tragtenberg, 1988, p. 88).

A grave situação de 1921 reflete um problema que já estava sendo discutido desde 1918. Lênin apresenta os termos da polêmica em um texto de 1918 denominado *As tarefas imediatas do Poder Soviético* (Lênin, 1977), no qual analisa a grave situação conjuntural aberta pela guerra civil e as tarefas a serem empreendidas pelo poder soviético. Diante da sabotagem aberta por parte dos segmentos burgueses e camadas sociais abertamente ligadas ao czarismo, Lênin defendia aprofundar o que denominou de "controle operário" das fábricas[6]. As terras haviam sido distribuídas pelos Comitês Agrários e as fábricas, de acordo com um decreto dos Soviets, entregues ao controle operário pelos comitês de fábrica.

No texto de 1918, Lênin dizia:

> O Estado socialista pode surgir unicamente como uma rede de comunas de produção e consumo que calculem, conscienciosamente, sua produção e consumo, economizem o trabalho, aumentem incessantemente a produtividade do mesmo e consigam com isso reduzir a jornada de trabalho até sete, seis ou ainda menos horas (Lênin, 1977, p. 106).

Os comitês de fábrica, que tiveram vida efêmera em 1905, retomaram suas ações depois da revolução de fevereiro e foram legalizados pelo Governo Provisório em abril de 1917. A luta centrava-se, como era de se esperar, no aumento salarial e na defesa da jornada de 8 horas semanais; no entanto, a radicalidade da luta de classes entre fevereiro e outubro fez com que as lutas fossem se desenvolvendo cada vez mais para iniciativas de intervir diretamente na gestão e no controle das fábricas pelos operários (Carr, 1979, p. 70).

Ocorre que, ainda que não decisivo em um primeiro momento, a diferença entre "controle operário" e "gestão" passaria a ser o centro de uma importante disputa política sobre os rumos da revolução. Para Lênin, ao que parece, a questão do controle seria um fator político

---

[6]. Uma conferência do Partido de abril de 1917 defendia como tarefa imediata "[...] o controle do Estado sobre as mais poderosas associações capitalistas" (Carr, 1979, p. 69).

ligado à natureza da propriedade das fábricas, enquanto a gestão seria um aspecto técnico ligado à organização do trabalho. Esta aproximação leva o líder bolchevique a considerar que, uma vez garantida a propriedade dos centros de produção pelo Estado Soviético, portanto, eliminando a propriedade privada dos meios de produção, tratava-se agora de garantir a "disciplina" e aumentar a produtividade do trabalho. Para isso eram necessárias medidas e formas científicas. Dizia o líder bolchevique que a criação de uma sociedade superior se fundava na necessidade de aumentar a produtividade do trabalho, e isso só seria possível através de uma "organização superior", o que exigia uma elevação do "[...] nível de cultura e instrução das grandes massas da população", e em especial do proletariado (Lênin, 1979, p. 109).

A luta fundamental para implementar esta diretiva encontrava-se na tarefa da vanguarda mais consciente do proletariado no sentido de "fortalecer sua disciplina" contra o que denominava de "anarquia espontânea pequeno-burguesa" (idem, p. 110). Para que possamos entender o pano de fundo destas afirmações, é necessário lembrar que, durante as agitações revolucionárias, havia uma certa coincidência entre os interesses imediatos dos trabalhadores e sua pauta histórica, de forma que a luta pela derrocada do czarismo e depois contra o Governo Provisório era vista como forma de alcançar a satisfação de uma pauta mais imediata, como a questão do salário, das condições de trabalho e da jornada. Os bolcheviques não apenas incentivaram esta relação, como se apoiaram decididamente no segmento operário para cumprir as tarefas que os levaram ao poder em outubro de 1917. Entretanto, agora nas condições de organização da sociedade soviética no contexto de uma guerra civil e, depois dela, do saldo catastrófico que legou, volta a se apresentar uma tensão compreensível entre as demandas imediatas dos trabalhadores e as necessidades de reorganização da economia.

A relação com os comitês de fábrica, mais próximos e indicados diretamente pelos trabalhadores, e o governo, se torna tensa. Não é casual que cada vez mais o interlocutor passa a ser os sindicatos, que representam os trabalhadores de um segmento ou setor ou mesmo no conjunto, distanciando-se da pressão pelas questões mais imediatas. Além disso, o sindicato é uma representação política na qual a vanguarda operária consegue se apresentar de forma mais evidente e, dentro dela, a representação bolchevique é a principal.

Nas resoluções e nos documentos dos bolcheviques até 1917, não se fazia muita diferença quanto às funções e à natureza dos comitês de fábricas e sindicatos, que, aliás, nunca tiveram uma história contundente até a revolução. No entanto, nos diz Carr (1979, p. 119):

> O ponto de viragem da atitude dos bolcheviques veio pouco depois da vitória do poder soviético. Os sindicatos russos, nascidos tardiamente e nas condições de uma organização industrial em larga escala, tinham tendência a crescer na base não das artes e ofícios individuais, mas das indústrias como um todo [...] mais dispostos a considerar-se como representativos dos trabalhadores como um todo do que de um grupo profissional específico.

A presença bolchevique no universo da representação sindical era evidente, principalmente depois do fechamento da Constituinte em 1918[7]. O Congresso Panrusso dos sindicatos, reunidos em Petrogrado em janeiro de 1918, num total de 416 delegados, apresentava 273 bolcheviques contra 66 mencheviques (idem, p. 120-121). Isso não pode ser atribuído apenas à dureza da disputa política e aos

---

7. As eleições para a Assembleia Constituinte ocorrem no dia 12 de novembro de 1917. No total de 700 deputados eleitos, 410 eram SRs, 175 bolcheviques, 84 representavam posições das velhas classes derrubadas pela revolução, 17 ligados aos Kadetes (Partido Constitucional Democrático ligado à burguesia), 16 mencheviques (Reis Filho, 1985, p. 79). Deve-se considerar que os SRs, principal representação dos camponeses, estavam divididos entre os que apoiavam ou faziam oposição ao governo soviético (os SRs de esquerda), mas na Assembleia a maioria era de deputados contrários ao governo. Em dezembro do mesmo ano, os bolcheviques elaboram nos Soviets a Declaração dos Direitos do Povo Trabalhador e apresentam à Constituinte como base que deverá ser considerada nos trabalhos (caráter soviético do governo, a reforma agrária, a jornada de 8 horas, o controle operário das fábricas, a legislação social, a igualdade das mulheres, o direito das nacionalidades etc.). A Assembleia, reunida no dia 5 de janeiro de 1918, considera uma intervenção indevida, tenta ganhar tempo para discutir o que aceita ou não na Declaração. Os bolcheviques fecham a Assembleia Constituinte em 6 de janeiro de 1918, baseados na Declaração

meios que os bolcheviques dispunham pelo controle do Estado, mas por um respaldo evidente da classe trabalhadora em resposta a uma legislação que vinha sendo implementada no sentido de defesa dos trabalhadores, tais como a jornada de 8 horas, a limitação do trabalho de mulheres e jovens, a proibição do trabalho infantil, o seguro social contra o desemprego e as doenças, além da participação dos sindicatos no VTsIK[8]. Ao lado da Constituição mexicana, também de 1917, a Declaração dos Direitos do Povo Trabalhador e Explorado na Rússia é uma das primeiras legislações protetivas do trabalho no mundo (Miranda, 2013, p. 111).

Enquanto os interesses dos trabalhadores coincidiam com a luta contra as camadas contrarrevolucionárias, não houve necessidade da distinção das funções entre uma representação mais direta e imediata, como os comitês de fábrica, e uma forma mais ampla, como os sindicatos. No entanto, as coisas não ficariam tão simples.

Na medida em que se trata de organizar o trabalho garantindo a disciplina e o aumento da produtividade, a diferença entre "controle" e "gestão" passa a ser decisiva. Pode-se argumentar que o Estado exerce a propriedade coletiva em nome dos trabalhadores em geral, o que é verdade, mas isso não significa que não haja choques entre interesses imediatos dos trabalhadores e as necessidades do Estado Soviético. Um exemplo é evidente. Retomando a frase de Lênin sobre a necessidade de aumento da produtividade do trabalho como condição para reduzir a jornada para sete, seis ou até menos, podemos compreendê-la como uma perspectiva de que a jornada vai cair, mas também como uma afirmação de que ela não diminuirá, a não ser que a produtividade aumente. Parte das medidas protetivas do trabalho, e mesmo os decretos sobre o "controle operário", acabam virando letra morta diante das agruras da guerra civil.

---

8. Trata-se do Comitê Executivo Central Panrusso da União (Vserossiiski Tserentral'nyi Ispolnite'nyi Komitet), no qual os sindicatos estavam representados por 50 membros em um total de 350 representantes eleitos nos Soviets de operários, soldados e marinheiros além dos representantes dos camponeses.

Como vimos, Lênin via o controle operário como uma medida política, mas a gestão como um aspecto técnico, e isso, a nosso ver, constitui um erro com graves consequências. O líder soviético estava convencido de que a reorganização econômica implicava uma rígida observância das proporções entre salários e resultados gerais da produção, assim como o acesso ao consumo nas proporções adequadas dependeria do desenvolvimento dos transportes etc. (Lênin, 1979, p. 110)[9], no que não se equivocava. No entanto, o meio de atingir estes fins encontrava-se não apenas na disponibilidade de maquinário, matérias-primas, fornecimento de energia e tecnologia adequada, em parte ou quase todos, legados pelo desenvolvimento capitalista anterior, como no que diz respeito também às formas de gestão. Da mesma forma que uma tecnologia de produção de aço ou extração de minério desenvolvida por capitalistas serve à produção de produtos necessários ao nascente Estado soviético, as formas de gestão também, levando Lênin a afirmar que se deveria aproveitar "o muito que há de científico no sistema Taylor". Não se trata de uma referência isolada e ocasional; logo em seguida o autor irá definir mais detidamente esta constatação ao afirmar que:

> A última palavra do capitalismo neste terreno — o sistema Taylor —, da mesma forma que todos os progressos do capitalismo, reúne toda a refinada ferocidade da exploração burguesa e várias conquistas científicas de grande valor no que concerne aos movimentos mecânicos durante o trabalho, a superação dos movimentos supérfluos e torpes, a adoção dos métodos de trabalho mais racionais, a implantação dos sistemas ótimos de contabilidade e controle (Lênin, op. cit., p. 110).

Esta constatação é acompanhada de um diagnóstico prévio, ou seja, que o trabalhador russo era um "mau trabalhador", se comparado às nações mais adiantadas, uma vez que trazia as marcas do

---

9. E. H. Carr (1979, p. 72) defende, com certa razão, que a insistência de Lênin neste momento sobre o "controle operário" está ligada mais à questão da contabilidade do que o efetivo controle dos processos técnicos e a organização do trabalho nas fábricas.

recente regime czarista e da servidão. Reiteradamente, aponta-se a origem rural da maior parte dos trabalhadores da indústria como um fator para explicar a necessidade de uma superação cultural e de formação da classe trabalhadora. De forma sintética, Lênin afirma que uma das tarefas principais do Poder Soviético seria ensinar o povo a "aprender a trabalhar" (idem, ibidem). Ainda segundo o autor, a possibilidade de realizar o socialismo estaria ligada ao grau em que se lograsse "[...] combinar o Poder Soviético e a forma soviética de administração com os últimos progressos do capitalismo", e conclui: "Há que organizar na Rússia o estudo e o ensinamento do sistema Taylor, sua experimentação e adaptação sistemáticas" (Idem, p. 111).

No citado Congresso Panrusso dos Sindicatos, o debate girou em torno do papel dos sindicatos e sua relação com o Estado. Um delegado sindicalista, Lozovsky, que defendia a ação conjunta entre sindicato e Estado para "refrear a anarquia do controle operário", defendeu que, nesta aliança, os sindicatos deveriam manter sua autonomia em relação ao Estado, no que foi duramente atacado por Zinoviev com o argumento de que a independência sindical, que antes indicava independência em relação à burguesia, no contexto de construção do socialismo, só podia significar rompimento com o Estado Soviético e, portanto, apoio aos "sabotadores" (Carr, 1979, p. 121)[10].

As resoluções jogam o problema para o futuro, afirmando que "[...] na sua forma mais desenvolvida, os sindicatos, dentro do processo da presente revolução socialista, tornam-se órgão do poder socialista". Definido o papel dos sindicatos, a polêmica se desloca para os comitês de fábrica. Os delegados anarquistas insistiam que eram "[...] células da vindoura ordem social socialista, a ordem sem poder político" (idem, p. 123), no entanto, prevaleceu a posição que articulava os comitês naquilo que foi definido para os sindicatos, isto é, se os sindicatos deveriam agir, em perspectiva, como órgãos do Estado, os comitês deveriam funcionar como órgãos dos sindicatos. Tratava-se de centralizar a estrutura de comando dos trabalhadores, nos sindicatos e destes com os órgãos gerais de gestão econômica.

---

10. Lozovsky acabou por ser expulso do Partido Bolchevique, no entanto, suas teses mais moderadas quanto à independência dos sindicatos acabaram prevalecendo no Congresso.

Zinoviev e Shmidt são eleitos presidente e secretário do Conselho Panrusso dos Sindicatos, mas Zinoviev seria chamado para outras funções em Moscou, sendo substituído por Tomsky. Esta substituição é importante, pois Tomsky é uma figura proeminente do sindicalismo russo do período e será, com o prestígio que detinha, o principal defensor de que a tarefa mais importante dos sindicatos deveria ser a "[...] organização do trabalho e o reforço da disciplina" (idem, p. 124).

A aplicação deste princípio acabará por se chocar com alguns pontos fundamentais do programa bolchevique, com destaque para uma política de igualização dos salários, uma vez que os prêmios por produtividade e os salários por peça criavam diferenças visíveis entre os operários. O primeiro a se colocar contra estas medidas foi Oboleski, da oposição de esquerda, que se soma às críticas de Lozovsky contra o taylorismo e o salário por peça, por criarem uma "aristocracia operária".

A Guerra Civil irá aprofundar este quadro com a implantação do Comunismo de Guerra, fortalecendo a necessidade de uma planificação e controles centralizados, da mesma forma que a crescente nacionalização da indústria. Em 1920, existiam cerca de 404 mil estabelecimentos industriais em todo o território que iria formar a URSS em 1922, no entanto, cerca de ¾ destes eram ainda propriedade de um único dono ou família. Do total dos assalariados — 2,2 milhões de operários —, 1,4 milhão trabalhava nas chamadas grandes indústrias (com mais de 30 trabalhadores). Do total de estabelecimentos, estavam sob controle do Estado apenas 37 mil empresas com 1,6 milhão de trabalhadores, ao que se somava cerca de 230 mil trabalhadores ligados às cooperativas (Carr, 1979, p. 196).

Neste contexto, a necessidade de centralização e controle, acompanhada das posições expressas por Lênin em 1918 sobre a utilização de especialistas e técnicas burguesas, assume forma dramática. O Conselho Supremo da Economia Nacional — Vesenkha — passou de seus 300 funcionários em 1918 para 6.000 (Carr, op. cit., p. 204). Muito mais que o crescimento numérico, chama a atenção sua composição.

Analisando alguns centros mais importantes, Martov, num total de 400 pessoas envolvidas na gestão da economia industrial, 10% eram antigos patrões ou seus representantes, 9% eram técnicos, 38% funcionários da Vesenkha e 43% representantes de trabalhadores, na maioria de sindicatos (idem, p. 205).

No terceiro Congresso dos Conselhos da Economia Nacional, o tema de gestão aparece na polarização entre a direção colegiada ou a individual. Lênin volta a defender sua concepção, tentando conciliar as posições apresentadas, com evidente peso na defesa da gestão técnica individual:

> A colegialidade, como forma fundamental da administração soviética, representa algo de rudimentar, essencial na primeira fase quando tudo deve ser feito de novo. Mas, desde que formas mais ou menos estáveis se estabeleçam, a transição para o trabalho prático liga-se à administração individual como sistema que, mais do que qualquer outro, garante a melhor utilização das capacidades humanas e um controle verdadeiro, e não meramente verbal, do trabalho efetuado (Lênin, registro de imprensa, *apud* Carr, op. cit., p. 211).

Tanto no Congresso como em duas oportunidades entre janeiro e março de 1920, Lênin se deparou com a resistência dos trabalhadores no Conselho Panrusso dos Sindicatos. Ninguém menos que Tomsky se levanta na defesa do colegiado e do papel dos sindicatos, defendendo-os como "[...] único que pode garantir a participação de largas massas não partidárias através dos sindicatos, é o novo princípio da administração colegial na indústria (...) até, inclusive, à administração das fábricas" (*apud* Carr, op. cit., 211). Apesar de ser derrotado no Congresso e no Conselho, Lênin ganha no Partido e acaba por impor a política da administração técnica de um só homem. Ao final de 1920, a administração colegiada sobreviveria em apenas 12% das empresas nacionalizadas (idem, p. 213).

O X Congresso do Partido em novembro de 1920 foi o palco principal deste debate, em que encontramos o fundamental dos argumentos em disputa. Os debates que antecederam o Congresso foram muito intensos, até mesmo pela dimensão das figuras de proa que o sustentavam, mas também pelo de fato que se tornaram públicos e profundamente debatidos entre os trabalhadores[11]. Leon Trótski defendia uma posição que poderia parecer antipática (de fato era), mas que bem analisada era perfeitamente compreensível: a estatização dos sindicatos e a "militarização" do trabalho. Caso lembremos o quadro geral que se estabelecia ao final da guerra civil, e o fato de Trótski ter sido o principal e bem-sucedido organizador do Exército Vermelho, é compreensível que ele olhe pelo lado da necessidade estratégica de organização rápida e de forma eficiente da produção e da distribuição (Deutscher, 1984, p. 521). O líder bolchevique iria, um tempo depois, ter oportunidade de colocar em prática estes métodos no setor de transportes (Tsektrans) com resultados positivos, apesar da rígida disciplina envolvida[12].

Entretanto, as posições do camarada Davidovitch o levavam a reforçar a tese de que os sindicatos teriam perdido sua função de garantia e defesa dos interesses imediatos dos trabalhadores, além de se chocarem frontalmente com as posições dos operários. Esta insatisfação faria com que se formasse a Oposição Operária, que cresceu

---

11. O debate se torna público, também, pelo fato de que não há acordo no Comitê Central (CC). Trótski apresenta suas posições ao CC em um texto denominado *Teses sobre a transição entre a guerra e a paz*, ainda em 16 de dezembro de 1919. O texto que foi apresentado para a discussão interna acabou sendo divulgado por iniciativa de Bukharin no *Pravda* um dia depois de apresentado ao partido, tornando público o debate. Trótski e Bukharin defendiam uma posição semelhante contra Lênin, Zinoviev e outros, além das posições defendidas por Alexandra Kollontai pela Oposição Operária, como veremos.

12. "A militarização é impensável sem a militarização dos sindicatos como tais, sem o estabelecimento de um regime em que cada trabalhador se sinta como um soldado do trabalho, não podendo dispor de si próprio livremente; se lhe for dada ordem de transferência, deverá obedecer; se não o fizer, será considerado desertor e castigado. Quem deverá responsabilizar-se por isso? O sindicato. Ele cria o novo regime. Esta é a militarização da classe operária" (Trótski *apud* Carr, op. cit., p. 236).

rapidamente, primeiro em Moscou e Petrogrado, e depois para as regiões do Don, Urais e Sibéria (Tragtenberg, 1988, p. 85).

Lênin reage às posições de Trótski e Bukharin e constrói uma aproximação intermediária, na qual não recusa a necessidade de centralização e organização disciplinada do trabalho, nem a forma que havia sido apontada desde 1918 sobre a relação entre sindicato e Estado; no entanto, destaca o papel dos sindicatos e sua necessária autonomia relativa na defesa dos interesses imediatos dos trabalhadores, aproximando-se da posição dos sindicalistas como Tomsky e Schimdt. Em dezembro de 1920, dirigindo-se aos delegados ao VII Congresso dos Soviets, do Conselho Central dos Sindicatos da Rússia e militantes do PC(b) da Rússia, Lênin, ao se perguntar se no período de transição os sindicatos não teriam nada que defender, podendo dispensá-los "na defesa dos interesses materiais e espirituais do proletariado organizado em sua totalidade", dirá:

> Nosso Estado hoje é tal que o proletariado organizado em sua totalidade deve defender-se, e nós, devemos utilizar estas organizações operárias para defender os operários em face de seu Estado e para que os operários defendam nosso Estado. Uma e outra defesa são realizadas através de uma combinação original de nossas medidas estatais e de nosso acordo e "entrelaçamento" com nossos sindicatos (Lênin, 1979, p. 194-195).

Depois de duras críticas a Trótski e Bukharin, no estilo duro e irônico de Lênin, vemos um elogio a Tomsky, que nos parece significativo. Enquanto os dois primeiros eram criticados por enfatizar princípios e se utilizar de "floreios verbais", afirmando que já era hora de "[...] passar da invenção e dos exageros sobre divergências de princípios para o trabalho prático" (idem, p. 195), Lênin afirma que Tomsky, por estar ligado ao movimento sindical, acaba por refletir, consciente ou inconscientemente, o complicado momento conjuntural, de forma que se algo "[...] dói nas massas", também dói a ele. E completa afirmando: "[...] afirmo que isso é um mérito e não um defeito" (idem, ibidem).

Tal posição não significa, entretanto, que Lênin abandonara suas convicções sobre a gestão científica da produção e o papel dos especialistas. Ele as mantêm e reforça. O que se explicita no texto de dezembro de 1920 é uma mediação sobre o papel do sindicatos que não altera no fundamental o que havia sido definido, mas que procura equacionar um problema de grande importância.

Os sindicatos deveriam agregar a "totalidade dos operários industriais", por isso eles seriam, segundo Lênin, uma "organização da classe dirigente, dominante e governante". Enquanto tal, é ela a classe que "exerce a ditadura", "aplica a coerção estatal"; mas, e isso é o decisivo, o sindicato "[...] não é uma organização estatal, não é uma organização coercitiva" (idem, p. 191). A chave de compreensão desta posição está na questão do poder e do Estado. Um dos pontos apontado como um erro de Trótski é sua caracterização do Estado soviético como um Estado Operário, ao que Lênin responde de forma contundente: "[...] o Estado não é, na realidade, operário, e sim operário e camponês" (idem, p. 194).

O proletariado teria ainda que conviver com a aliança com os camponeses e, além disso, com os segmentos pequeno-burgueses e as camadas contrarrevolucionárias ainda presentes na sociedade soviética. Nesta direção, Lênin aponta que o problema é como estabelecer a hegemonia desta classe que é a dirigente, não apenas no conjunto de segmentos diferenciados na sociedade, mas também na diferenciação do interior da própria classe. Desta maneira, o autor vê o sindicato como situados entre "o Partido e o Poder de Estado". O Partido recolhe a vanguarda do proletariado, mas o poder de Estado é de uma classe e é necessário que uma instituição opere esta mediação entre a vanguarda e o conjunto da classe, o que significa que se trata de como "abordar as massas, de ganhar as massas, de ligarmo-nos às massas". Disso deriva que o sindicato deve ter uma função pedagógica, deve ser uma "[...] organização educadora, uma organização que atraí e instrui, é uma escola, escola de governo, escola de administração, escola de comunismo" (idem, p. 191).

Os debates de final de 1920 preparam o partido para o X Congresso que aconteceria em 1921[13]. A polêmica chega ao Congresso, fundamentalmente através de três posições: a moção dos dez, encabeçada por Lênin e apoiada por Zinoviev, Tomsky, Kalinin, Losovski, Kamenev e Stálin; o grupo dos oito (Trótski, Bukharin, Andreev, Dzerjinski, Krestinski, Preobrajenski, Rakovski e Zerebriakov) e as posições da Oposição Operária. No Comitê Central, a posição de Lênin havia derrotado a de Trótski por apenas dois votos (8 votos contra 6), mas no Congresso a maioria de Lênin se ampliará. A moção ou plataforma dos dez recebe 336 votos, o grupo dos oito 50 votos e a Oposição Operária apenas 18 votos.

Na verdade, o fogo concentra-se contra as teses da Oposição Operária, defendidas por Shlyapnikov, Kiselev, Medvedev e Alexandra Kollontai.

O que havia nestas teses para gerar tamanha disposição e necessidade de atacá-las? A resposta está no contexto descrito e no desenvolvimento de uma crise política que se evidenciará em 1921, principalmente a partir da greve operária de Petrogrado a partir de fevereiro. Através da oposição de esquerda, alguns membros do Comitê Central (CC) já vinham discordando do encaminhamento político no final da Guerra Civil. A própria Alexandra Kollontai é afastada de CC pelas discordâncias em relação ao tratado de Brest-Litovski.

A posição de Kollontai não é acidental nem extemporânea, funda-se em toda sua trajetória no processo revolucionário russo. Apesar de simpática aos bolcheviques em 1903, permanece independente, mas, em 1906, discorda da política de participação na Duma e já das posições sindicais adotadas e adere aos mencheviques, com os quais irá romper em 1915, aderindo aos bolcheviques. Fica exilada por um bom período (1908-1917), retornando com a Revolução de fevereiro.

---

13. A discussão do tema não ficou restrita a debates no partido e nos sindicatos, mas foi levada a grandes comícios em dezembro de 1920. Em janeiro, o *Pravda* divulga o tema em artigos diários (Bettelheim, 1979, p. 356).

Tornando-se a primeira mulher a ser eleita para a executiva do Soviet de Petrogrado, apoia Lênin e suas "Teses de Abril" contra a maioria do Comitê Central bolchevique; é a terceira mais votada na lista para deputados da Assembleia Constituinte em novembro/dezembro de 1917 e assume o cargo de Comissária do Povo para assuntos de Bem-Estar Social com uma política extremamente inovadora em defesa dos direitos das mulheres, organizando em 1918 o I Congresso da Mulher Trabalhadora de toda a Rússia. Adere à Oposição Operária em 1919 (Kollontai, 1980; Cruz, 2012).

O texto em que são apresentadas as teses da Oposição Operária é um texto de combate, sem pretensões literárias ou de uma reflexão teórica de fundo, no entanto, creio que acaba indo muito mais longe que um mero folheto para disputar posições no partido ou entre os sindicatos. É expressão de um intenso trabalho junto aos comitês de fábrica e aos operários, e cumpre uma função muita semelhante àquela apontada por Lênin quando se referia a Tomsky, qual seja: ser a expressão daquilo que sentem os operários. Não é, como veremos, apenas uma reação da consciência imediata dos trabalhadores, mas se fundamenta em princípios e aponta horizontes que, a meu ver, devem ser considerados com toda profundidade.

Logo de início se afirma que a Oposição Operária nasce do proletariado industrial soviético e das condições em que vivia e trabalhava, mas também como resultado dos "equívocos" e "desvios" da condução política do Poder Soviético. Logo em seguida, aclara que não surgiu das disputas internas, mas brotou dos "quatro cantos do país" (Kollontai, 1980, p. 8)[14]. A autora localiza a origem da Oposição Operária no IX Congresso e na polêmica sobre a direção colegiada ou individual que descrevemos anteriormente.

O texto contextualiza a situação, começando pela destruição causada pela Guerra Civil e a pressão do imperialismo e da contrarrevolução, e conclui com um terceiro item:

---

14. "Quanto mais caro nos é o Partido Comunista, precisamente porque realizou um passo decisivo para libertar os trabalhadores, menos direito temos de fechar os olhos sobre os erros dos núcleos dirigentes" (Kollontai, 1980, p.11-12).

Ao operariado russo foi atribuída a tarefa de construir o comunismo, criar novas formas comunistas de economia num país economicamente atrasado, com uma população de maioria camponesa, onde faltam as condições necessárias para a socialização da produção e da distribuição (...) (idem, p. 13).

Não nos parece haver uma idealização das condições, o que há é uma discordância muito bem definida sobre quem é o sujeito da construção de novas formas de produção e de sociabilidade nestas condições. O alvo desta discordância reside nos chamados "especialistas". Afirma Kollontai:

> O operário sente, vê e compreende, a cada instante, que os especialistas e — o que é mais grave — os pseudoespecialistas ignorantes, ocupam todos os altos postos administrativos das instituições econômicas e industriais, marginalizando-o e, em lugar de [criticar] esta tendência, o Partido encoraja-a e procura sair do caos industrial apoiando-se não nos operários, mas precisamente nestes elementos (idem, p. 19)[15].

Chliapiakov apresentou um relatório em 1920 em que critica as teses predominantes, indagando "por que meios pode o partido realizar a sua política econômica neste período de transformação? Por intermédio dos operários organizados nos seus sindicatos? Ou por cima de suas cabeças, utilizando os meios burocráticos, através de funcionários canonizados do Estado?" (Chliapiakov *apud* Kollontai, op. cit., p. 26).

Partindo da convicção de que não é possível construir uma economia comunista "utilizando os meios e as capacidades criadoras dos

---

15. "Os dirigentes são uma coisa e nós outra, completamente diferente. É possível que eles saibam dirigir melhor o país, mas falham na compreensão das nossas necessidades, da nossa vida nas fábricas, suas exigências e suas necessidades imediatas; não compreendem, não sabem. [...] é verdade que os dirigentes saem de nós, mas logo que entram nas direções nos abandonam; se nós sofremos, que importância tem? As nossas preocupações já não são as deles" (Nesta parte, aparentemente, Kollontai reproduz argumentos dos trabalhadores) (Kollontai, 1980, p. 23).

filhos de outra classe, impregnada da rotina do passado", a autora sintetiza a posição política da oposição na seguinte passagem:

> A causa desta crise se encontra na suposição de que "homens realistas" — técnicos, especialistas e organizadores da produção capitalista — podem libertar-se repentinamente das suas concepções tradicionais sobre a maneira de gerir o trabalho (concepção neles profundamente impregnada pelos anos passados a serviço do capital) e adquirir a capacidade de criar novas formas de produção, de organização do trabalho e de motivação dos trabalhadores. Supor que isto é possível é esquecer que um sistema de produção não pode ser mudado por alguns indivíduos geniais, mas somente pelas necessidades de uma classe (idem, p. 27).

Neste ponto, abre-se uma dura crítica à posição dos sindicatos como órgãos pedagógicos que devem ensinar aos trabalhadores como devem organizar o trabalho e gerir a produção. Devemos notar que a proposta de Lênin sobre o sindicato como uma mediação entre o partido e as massas na construção de uma hegemonia proletária talvez seja um traço comum nas três propostas (Lênin, Trótski e Kollontai); o que as distingue é a natureza desta mediação. Para Trótski, as necessidades do Estado Soviético devem prevalecer e o sindicato ser instrumento para execução das metas e implementação dos processos de forma disciplinada e organizada (militarizada); para Lênin, esta mediação é diversa, pois é necessário que, para cumprir a mesma função, o sindicato não se confunda com uma instituição do Estado, educando as massas trabalhadoras para se incorporar às tarefas e aos planos centralizados. Já em Kollontai e para a Oposição Operária, a questão muda substancialmente, uma vez que não se trata de atrair as massas para os planos do Estado Proletário, mas sim de constituir com os operários e sob seu comando novas formas de organização do trabalho e da produção industrial e, por meio disso, constituir o proletariado como classe dirigente.

O traço distintivo me parece ser como caracterizar a técnica e a gestão. Como vimos, Lênin desloca a questão política para as formas de propriedade e controle, ao mesmo tempo que atribui um caráter eminentemente técnico à gestão e à organização do trabalho. Em Kollontai, ocorre de forma diversa: a organização do trabalho e da gestão estão no centro do caráter político, sendo o espaço que pode determinar o caráter capitalista ou a criação de uma nova forma proletária. Diz Kollontai:

> Numa República operária, o desenvolvimento das forças produtivas pela técnica desempenha um papel secundário em comparação com o segundo fato, o da eficiente organização do trabalho e a criação de um novo sistema de economia. Mesmo que a Rússia consiga levar a cabo seu projeto de eletrificação geral, sem introduzir nenhuma mudança essencial no sistema de controle e organização da economia e produção, ela não fará mais do que aliar-se aos países capitalistas mais avançados em matéria de desenvolvimento (idem, p. 39).

Palavras proféticas ou uma análise correta que detecta devidamente as contradições e sua tendência aberta ao devir. Não se trata de definir quem estava certo ou errado. Cada um e todos apresentavam elementos de uma realidade que deveria ser levada em conta na definição das políticas a serem estabelecidas, mesmo a tão estigmatizada posição de Trótski (é possível que, na transição da guerra civil para um período de paz, alguns setores estratégicos necessitassem de formas "militarizadas", não devemos descartar isso). A questão teórica e política de fundo não se resolve pelo jogo, infelizmente tão presente, da atribuição de culpas e glorificação de mitos. A nosso ver, a questão central reside em identificar quais elementos, ainda que casuais e aparentemente fortuitos, germinavam na direção de uma transição socialista e um poder operário e quais apontavam para a degeneração burocrática que acabou por se implementar com consequências catastróficas, não apenas para os trabalhadores russos mas para o movimento revolucionário mundial e seus desdobramentos.

Não podemos solucionar esta polêmica tampouco nos referindo às votações partidárias ou congressuais. Como sempre afirmamos, a proposta vencedora em uma votação é apenas a proposta vencedora, a correta teremos que esperar os desdobramentos para ver. Neste caso concreto, o partido organizou-se para derrotar a proposta da Oposição Operária que, como vimos, recebe apenas 18 votos. A posição de Lênin é justificável sob vários aspectos, pela preocupação em unificar o partido, como resposta a um contexto de crise e necessidade de uma rápida reorganização industrial, como forma de equacionar as alianças no governo e na sociedade. No entanto, ela se funda em um erro e que terá graves consequências.

Lênin, nesta questão, representa, infelizmente, aquele que interpreta o novo com os princípios do velho. Há uma ironia incrível neste debate. Lênin dirigiu uma revolução que a maioria achava impossível, mesmo entre os bolcheviques. Não se apoiou nas formas estabelecidas do Estado burguês, nem nos especialistas, mas apostou na revolução proletária, e a classe trabalhadora criou novas formas e novas instituições que se materializam no poder soviético. Quando se trata de construir novas formas de organização da produção industrial, considera impossível sem a presença dos especialistas burgueses e da técnica mais avançada — o taylorismo! É estranho.

Não se trata, como alerta Kollontai, de nenhuma ilusão de que não será necessário o uso de formas e técnicas próprias da velha sociedade, ou a desconsideração do desenvolvimento científico e tecnológico. No entanto, a questão é: a quais relações e qual forma social esta tecnologia vai servir. Os trabalhadores russos já estavam criando novas formas, e é possível que muitas fossem precárias e mesmo equivocadas (aliás como ocorre também com aquelas que foram iniciativa do Estado), mas isso não impediu que se tenha construído uma experiência extremamente inovadora em condições terríveis. Outro mito é a centralização, como se uma proposta apoiada nos comitês de fábrica e sindicatos, com gestão operária prescindisse dos órgãos centrais da economia soviética e do poder de Estado.

Em resumo, são propostas seis medidas para implementação da proposta da Oposição Operária: a) constituição de um órgão formado por operários para administração da economia nacional; b) mudar o papel dos sindicatos para que se tornassem ativos na organização da produção e dos processos de trabalho, preparando-os previamente para tanto; c) realizar a transição para a gestão operária de forma gradativa, e não antes que o Comitê Central Executivo Panrusso dos Sindicatos considere que os sindicatos e comitês estejam prontos para a tarefa; d) nomeação dos postos administrativos pelos sindicatos, só podendo ser destituídos por estes; e) reforçar os núcleos de base dos sindicatos e os comitês de fábrica para gerir a produção e ser a base desta representação geral; f) superar a dicotomia ente o Conselho Superior da Economia e o Comitê Executivo dos sindicatos, criando um órgão único de administração econômica.

Estas medidas deveriam ser acompanhadas de uma renovação no partido e no Estado, combatendo as tendências burocráticas e administrativistas, aumentando a presença operária no partido, restringindo o acúmulo de cargos e responsabilidades nas instituições soviéticas. Como estas propostas foram recebidas? Pela desqualificação, como "sindicalistas", "pequeno-burguesas", "contrarrevolucionárias", "que fazem o jogo dos sabotadores" e outras formas. Esta técnica pode ser eficiente para vencer um Congresso, mas soterra a discussão, acoberta os argumentos ou falta deles, impede que sejam vistas as contradições e os diferentes aspectos de uma determinada situação. É um meio eficiente para vencer, e mais eficiente ainda para conduzir à catástrofe.

Interessante que o desenvolvimento do capitalismo no século XX guardaria uma surpresa. Os limites do fordismo-taylorismo, principalmente nas duas últimas décadas do século passado, acabaram por gestar novas formas de gestão, ainda dentro da forma capitalista. Quando analisamos suas características, como o trabalho em equipe, a captura da iniciativa operária, os círculos de controle de "qualidade", a polivalência, a diminuição ou eliminação de postos de controle sobre o trabalho (Harvey, 2005; Antunes, 1999), não podemos deixar de identificar vários elementos que a burguesia, a duras penas, tenta expropriar dos trabalhadores para colocar a seu serviço, que poderiam estar presentes no potencial proletário que a Revolução Russa abriu no início do século e que a gestão operária poderia ter desenvolvido.

Em outro momento, deslocando-nos do frio cenário oriental, para o sol insinuante do Caribe, vemos o comandante Che analisando os caminhos da construção do socialismo em Cuba e chegando a conclusões muito próximas, com a vantagem do tempo e da possibilidade de compreender os equívocos e trilhas escolhidas. Diz Che:

> Resta um longo trabalho por fazer na construção da base econômica e a tentação de seguir caminhos já trilhados do interesse material, como alavanca propulsora de um desenvolvimento acelerado, é muito grande. Corre-se o risco de que as árvores impeçam a visão do bosque. Perseguindo a quimera de realizar o socialismo com os meios legados que vêm do capitalismo (a mercadoria como célula econômica, a rentabilidade, o interesse material individual como alavanca etc.), pode-se chegar a um beco sem saída. E se chegamos a um ponto, depois de percorrer uma grande distância em que os caminhos se entrecruzam muitas vezes e onde é difícil perceber o momento em que nos equivocamos de caminho? A base adaptada, entretanto, terá feito seu trabalho de solapar o desenvolvimento da consciência. Para construir o comunismo, simultaneamente com a base material, teremos que construir um homem novo (...) Não se trata de quantos quilos de carne se come ou quantas vezes por ano se pode ir à praia passear, nem de quantos belezas se pode trazer do exterior e comprar com os salários atuais. Trata-se, precisamente, de que os indivíduos se sintam mais plenos, com muita riqueza interior e com mais responsabilidade (Che *apud* Tablada Perez, 1987, p. 66-67).

O caminho sugerido pela Oposição Operária não estava isento de simplificações e equívocos, no entanto, parece-nos que apontava para um elemento muito importante para pensarmos a transição e a necessária transformação da ordem capitalista, a gestão operária e a forma de organizar o trabalho, além e contra as formas herdadas pela ordem burguesa; destruir esta potencialidade foi um erro, como equivocada foi a crença de que o crescimento econômico, baseado em formas capitalistas sob controle de um Estado Operário e Camponês, pode levar ao desenvolvimento da transição, tal como antecipada por Marx.

O próprio Trótski, que teve papel proeminente no ataque à Oposição Operária, assim como foi seu alvo predileto, alertava no início do século, no momento da crise que cindiria o Partido Social Democrata Russo em mencheviques e bolcheviques, do risco daquilo que chamava de "substituísmo", processo pelo qual o líder se coloca no lugar do partido, em seguida o Comitê Central coloca-se no lugar do líder e, por fim, um único mandatário se coloca no lugar do Comitê Central (Deutscher, 1984, p. 102). Tendo por alvo o próprio Lênin, Trótski recusava a ideia de uma partido uniforme, e dizia:

> As tarefas do novo regime serão tão complexas que não poderão ser resolvidas senão por uma competição entre vários métodos de construção econômica e política, através de longas "disputas", através da luta sistemática não só entre os mundos socialista e capitalista, mas também entre muitas tendências que inevitavelmente surgirão tão logo a ditadura do proletariado provoque dezenas e centenas de novos problemas. Nenhuma organização forte, "dominadora", [...] será capaz de recalcar estas tendências e controvérsias [...] Um proletariado capaz de exercer a sua ditadura sobre a sociedade, não tolerará qualquer ditadura sobre si (Trótski *apud* Deutscher, op. cit., p. 105).

Acontece que tolerou, ou melhor, foi forçado a isso. Os anos seguirão impassíveis e a história com suas espirais, por vezes, nos fará voltar de novo e de novo sob nossas pegadas. O importante é que apreendamos com os caminhos percorridos e desenvolvamos a incrível capacidade de inventar o novo com os materiais que nos são legados pelo passado. A heroica e trágica experiência soviética, para além dos mitos e fetiches, é um enorme ensinamento sobre o que fazer e o que devemos evitar. Certo é que sofremos, mas é o preço dos que estão vivos e não desistiram. Estou convencido de que não devemos perder tempo com os detratores da Revolução Russa e sim lutar por um futuro no qual ela faça sentido. Com Maiakovski gritaremos aos séculos vindouros:

> *"Ante a tímida gente*
> *que vive na paz caseira*
> *ergue-se um halo de incêndio*
> *de mil olhos.*
> *Ó meu derradeiro grito!*
> *Dize aos séculos futuros*
> *Pelos menos isso:*
> *Que estou em chamas."*
>
> Maikovski
> A flauta vertebrada (1915)

Referências

ANTUNES, R. *Os sentidos do trabalho*. São Paulo: Boitempo, 1999.

BETTELHEIM, C. *A luta de classes na União Soviética*. Rio de Janeiro: Paz e Terra, 1979.

CARR, E. H. *A revolução bolchevique 2*. Porto: Afrontamento, 1979.

CRUZ, P. L. *Alexandra Kollontai:* feminismo e socialismo. São Paulo: Alfa-Ômega, 2012.

DEUTSCHER, I. *Trotski o profeta armado*. 2. ed. Rio de Janeiro: Civilização Brasileira, 1984.

HARVEY, D. *Condição pós-moderna*. São Paulo: Loyola, 2005.

KOLLONTAI, A. *Oposição Operária (1920-1921)*. São Paulo: Global, 1980.

KOLLONTAI, A. *Autobiografia de uma mulher emancipada*. São Paulo: Proposta Editorial, 1980.

LEFEBVRE, L. *Lógica formal e lógica dialética*. Rio de Janeiro: Civilização Brasileira, 1979.

LÊNIN, V. I. Sobre os sindicatos, o momento atual e os erros de Trotski. *In*: LÊNIN, V. I. *Sobre os sindicatos*. São Paulo: Polis, 1979.

LÊNIN, V. I. Las tareas imediatas del poder soviético. *In*: LÊNIN, V. I. *Obras Escogidas*. Tomo VIII. Moscú: 1977.

LÊNIN, V. I. Sobre a questão da dialética. *In: Antologia sobre o materialismo dialético*. Lisboa: Assírio e Alvin, 1975.

LUKÁCS, G. *Introdução a uma estética marxista*. Rio de Janeiro: Civilização Brasileira, 1978.

MAIAKOVSKI, V. *Antologia poética*. 4. ed. São Paulo: Max Limonad, 1984.

MARX, K. *Crítica à filosofia do direito de Hegel*. São Paulo: Boitempo, 2005.

MARX, K. *O capital*. Livro I. São Paulo: Boitempo, 2013.

MARX, K. *O capital*. Livro I, v. 1. Rio de Janeiro: Civilização Brasileira, [19--].

MARX, K. *O capital*. Livro I, v. 1. São Paulo: Nova Cultural, 1988.

MARX, K. *Contribuição à crítica da economia política*. São Paulo: Expressão Popular, 2007.

MIRANDA, J. *Teoria do Estado e da Constituição*. Rio de Janeiro: Forense, 2003.

NETTO, J. P. *O que é o stalinismo*. São Paulo: Brasiliense, 1981.

NOVE, A. *A economia soviética*. Rio de Janeiro: Zahar, 1963.

PEREZ, C. T. *Ernesto Che Guevara*: hombre y sociedad (el pensamiento económico del Che). Buenos Aires: Antarca, 1987.

PONOMAREV, B. (org.) *Histoire du Parti Communiste de L'Union Soviétique*. Moscou, 1960.

POLIANOV, I.; LELTCHUK, V.; PROTOPOPOV, A. *História da sociedade soviética*. Moscou: Ed. Progresso, 1979.

REIS FILHO, D. A. *Rússia, anos vermelhos (1917-1921)*. São Paulo: Brasiliense, 1985.

REIS FILHO, D. A. *URSS:* o socialismo real (1921-1964). São Paulo: Brasiliense, 1983.

REIS FILHO, D. A. *As revoluções russas e o socialismo soviético*. São Paulo: Editora Unesp, 2003.

TRAGTENBERG, M. *A revolução russa*. São Paulo: Atual, 1988.

TRÓTSKI, L. *Como fizemos a revolução de outubro*. Amadora: 1976.

TRÓTSKI, L. *A revolução de outubro*. São Paulo: Boitempo, 2007.

Educação, consciência de classe e estratégia revolucionária*

O quadro contemporâneo da luta de classes coloca diante dos revolucionários grandes desafios. Estamos diante de um longo ciclo que resultou em um processo de transformismo e apassivamento da classe trabalhadora e recuo em sua consciência de classe que expressa uma profunda fragmentação e derrota política dos trabalhadores.

Uma pergunta diante desta situação torna-se essencial: "Por que a classe trabalhadora aceita como suas propostas políticas que são contrárias as de seus interesses?". Por que, em vez de se mobilizar por suas próprias demandas, aceita ser dirigida no caminho da passividade e do acomodamento. Por quê?

O então candidato a vice-presidente da República, Michel Temer, ao falar para uma plateia de investidores estrangeiros, dizia o seguinte:

> Falo de um Brasil internamente pacificado. Se os movimentos sociais não estivessem pacificados, se os setores políticos não estivessem pacificados (...) se aqueles mais pobres não estivessem pacificados (...)

---

* Publicado originalmente na *Revista Perspectiva*, Revista do Centro de Educação da UFSC, v. 31, p. 67-80, dossiê especial Marxismo e Educação. Corresponde à fala realizada na mesa Educação, Consciência de Classe e Estratégia Revolucionária, do V EBEM (11 a 14 de abril de 2011). Publicada também na revista *Universidade e Sociedade*, ano XXI, n. 48, p. 122- 130, julho de 2011.

isto geraria uma insegurança. (*Folha de S.Paulo*, 27 de agosto de 2010, caderno A, p. 8)

Diante desta "pacificação social", ainda segundo o vice-presidente de Dilma, o país se torna seguro para os investimentos. Estamos pacificados. O que temos que responder é qual a base dessa pacificação, em outras palavras, por meio de que processos políticos a classe trabalhadora, tão ativa no período anterior, acabou por aceitar os termos de uma "democracia de cooptação" tal como apontava Florestan Fernandes (1975).

Os trabalhadores e as forças de esquerda resistiram contra a ditadura empresarial-militar que se implantou em 1964. A classe trabalhadora retoma a ofensiva no anos 1970 fazendo greves gloriosas que unificam os seus interesses, apresentando-se com autonomia e independência frente aos patrões e ao Estado, tornando-se o principal ator da derrubada da ditadura e do processo de democratização.

Chega-se à Constituição de 1988 em uma correlação de forças que permite expressar no texto legal uma série de demandas que, naquele momento, se apresentavam como acúmulo da luta por educação, saúde, direitos previdenciários e outros.

Tal quadro contrasta com a situação agora descrita de uma apatia, de elogios ao crescimento econômico capitalista como a maneira consensual entre as classes para desenvolver o país e resolver seus velhos problemas sociais. Os principais protagonistas do processo anterior de resistência assumem a direção do bloco conservador e do projeto capitalista, quebrando a autonomia e independência de classe conquistada.

Parece que a categoria essencial para compreender o movimento da consciência da classe trabalhadora e seu atual momento de impasse é a categoria de ideologia. Voltemos, entretanto, ao tema da consciência, das alternativas revolucionárias e suas estratégias e o papel da educação no interior deste movimento.

Por muito tempo, compreendemos ideologia simplesmente como um conjunto de ideias. Os trabalhadores se amoldam a essas ideias porque sofrem uma imposição por parte da classe dominante, de maneira que acabam por constituir sua visão de mundo a partir de ideias, valores, formas de pensar a si mesmo e ao mundo, que lhes são impostas coercitivamente por seus adversários.

Marx e Engels (2007), em sua obra *A ideologia alemã*, formulam o seguinte argumento: é natural que os membros da classe dominante, que por serem dominantes detêm os meios de produção, controlem também os meios de produção e disseminação do conhecimento, fazendo com que suas ideias sejam apresentadas como universais.

De fato, isto se dá. Todos nós conhecemos a importância de controlar os centros de produção e disseminação do conhecimento, por exemplo, as universidades, o mercado editorial, os centros de formação, pesquisa e de desenvolvimento de tecnologias, ou, ainda, demarcar o campo de possibilidades e a forma da divulgação e disseminação do conhecimento acumulado nos aparelhos escolares.

Entretanto, isso explica em parte o fenômeno. Explica evidentemente o poder de uma classe em apresentar sua visão de mundo como sendo universal e reproduzir isso no conjunto da sociedade, mas, todavia, não explica por que os trabalhadores explorados nessa ordem aceitam como suas as ideias de seus adversários.

Reich (1974), pesquisando sobre a força do fascismo, dizia: O que é difícil explicar não é por que alguém rouba, o difícil é explicar por que a maioria nas condições em que se encontra não o faz.

Parafraseando Reich, o que devemos hoje explicar não é por que que as pessoas se rebelam contra a ordem do capital, o que é, de certa forma, simples; mas por que a maioria não o faz e se submete passivamente à ordem que a mantém na exploração.

A ordem do capital nunca deixou de nos ajudar no trabalho da consciência. Ela é injusta, desigual, fundada na exploração, na desumanização, destrói qualquer capacidade da vida de se expressar como vida, sendo fácil entender por que as pessoas se antagonizam contra a exploração e a reificação. Por outro lado, não é fácil entender por que a maioria mantém-se passiva diante deste antagonismo da ordem do capital em relação à vida. Não pode ser somente pela reprodução e imposição de ideias, valores e conceitos prontos.

Caso restringíssemos a explicação até o que foi exposto, corremos o risco de aceitar como fundamento de nossa tese não os pressupostos marxianos, mas outra formulação, a de Emile Durkheim (1976), que acreditava que a consciência era formulada pela imposição coercitiva das formas de ser, pensar e agir. Não por acaso, para este pensador, a educação encontrava-se no centro deste processo que ele entedia como positivo e saudável.

Creio que podemos ser induzidos a um erro ao compreender o fenômeno da ideologia dessa maneira, ou seja, acabamos por pensar a sua superação como a mera contraposição de um novo conjunto de ideias e valores.

Caso a ideologia fosse apenas um conjunto de valores e ideias que nos são impostas coercitivamente pelos aparatos de produção e disseminação do conhecimento e, portanto, também pela educação, a resposta seria contrapor a essa educação uma educação revolucionária pensada a partir de conteúdos e formas distintas da educação conservadora.

Não se trata de negar a necessidade de pensar e desenvolver formas pedagógicas inovadoras e de realizar a batalha das ideias. O problema é que este caminho, louvável e necessário, pode nos levar a um impasse. Analisemos mais detidamente o tema.

A pista para uma visão mais complexa e profunda para compreender o fenômeno da consciência está nas próprias formulações marxianas e engelsianas presentes em *A ideologia alemã*.

Dizem os autores:

As ideias dominantes não são nada mais do que a expressão ideal (ideológica) das relações materiais dominantes apreendidas como ideias; portanto, são a expressão das relações que fazem de uma classe a classe dominante, são as ideias de sua dominação (Marx; Engels, 2007, p. 47).

Não se trata apenas de um conjunto de ideias que se impõem como dominantes. Elas são dominantes porque são da classe dominante, mas a classe só é dominante porque se insere em relações sociais de produção historicamente determinadas, que as colocam no papel de dominação. Ora, a tarefa ficou mais difícil porque, se as ideias que constituem uma ideologia são expressões das relações de dominação, a superação delas pressupõe a superação destas relações e, como Marx e Engels concluirão na mesma obra, isso pressupõe um "movimento prático, uma revolução" (idem, p. 42). De forma mais direta temos:

> Os homens são os produtores de suas representações, de suas ideias e assim por diante, mas os homens reais, ativos, tal como são condicionados por um determinado desenvolvimento de suas forças produtivas e pelo intercâmbio que a ele corresponde, até chegar às suas formações mais desenvolvidas. A consciência (*Bewusstsein*) não pode jamais ser outra coisa do que o ser consciente (*bewusste Sein*), e o ser dos homens é o seu processo de vida real. Se, **em toda ideologia**, os homens e suas relações aparecem de cabeça para baixo como numa câmara escura, este fenômeno resulta do seu processo histórico de vida [...] (idem, p. 94, grifos nossos).

Concordando que cabe mudar as estruturas, as relações sociais de produção que são a base real da expressão ideológica, qual seria o papel da educação, seja ela pensada no campo da educação formal ou no contexto de práticas alternativas? O cuidado necessário aqui é que esta aproximação pode nos conduzir a um desvio oposto, entretanto, tão problemático quanto o desvio positivista. Corre-se o risco de menosprezar as mediações educacionais e pedagógicas, acreditando que a transformação política geral, por si mesma, resolveria estes problemas.

Nesta concepção, o que deveriam fazer os educadores revolucionários? Ora, fazer a revolução e não perder tempo na busca de formas e conteúdos de uma educação revolucionária, a não ser como mera agitação da necessidade da revolução.

Tentando resgatar a dialética de seu exílio para que ela possa nos ajudar na compreensão dessas polaridades de maneira menos mecânica, teríamos que pensar de forma um pouco distinta. A consciência só pode se originar e se desenvolver como expressão de relações que constituem o fundamento da sociabilidade humana, isto é, ela não é uma força que se impõe ao humano como a Ideia hegeliana ou sua expressão no Espírito objetivo ou no Espírito Absoluto. Assim, não nos espanta que a forma imediata da consciência da classe trabalhadora seja a expressão da mesma consciência da burguesia.

O proletariado não vive em outras relações. Ele vive nas relações constitutivas do capital. Portanto, a primeira expressão de uma consciência social, que os trabalhadores tomam como sua, é a expressão das relações que eles compartilham com a burguesia na existência mesma da sociedade capitalista, na sua imediaticidade.

Podemos afirmar, portanto, que a primeira expressão da consciência dos trabalhadores, a consciência reificada nos termos de Lukács (1974) ou o senso comum nas categorias de Gramsci (1999), é a consciência burguesa. Eles pensam o mundo e a si mesmos a partir dos elementos que constituem a consciência da burguesia, portanto, não nos espanta que a primeira expressão prática dessa forma de consciência seja o amoldamento dos trabalhadores à sociedade da qual eles fazem parte e não sua negação.

A pergunta, então, passa a ser outra: como é possível superar este amoldamento, uma vez que estamos condenados a partilhar com nosso adversário de classe a mesma base material que constituem o fundamento de nossa consciência social?

É, no entanto, este mesmo fato que permite a possibilidade de os trabalhadores irem além de sua consciência imediata. A sociabilidade que estamos inseridos é cindida em interesses de classe opostos, antagônicos e irreconciliáveis. Diante da atual forma de expressão da consciência apassivada que crê que não se trata de um antagonismo irreconciliável, ou seja, acredita na possibilidade de conciliação entre as classes, vejamos as razões do antagonismo.

A sociedade é dividida entre aqueles que apropriaram os meios de produção, contratam a força de trabalho, extraem mais-valia e acumulam privadamente a riqueza socialmente produzida. De outro lado estamos nós, expropriados dos meios que nos permitem produzir os bens que satisfaçam nossas necessidades. O antagonismo de interesses se expressa no fato, hoje mais nítido do que nunca, de que a continuidade da acumulação de capital ameaça a existência humana.

A contradição no âmbito do real se expressa na possibilidade de uma contradição no momento da consciência, de forma que podemos falar da possibilidade de uma consciência de classe própria de cada segmento que personifica estes interesses distintos. Aqui se apresenta outro risco. Há um viés sociológico que tenta entender a consciência de classe como forma de pensamento típico de cada classe, ou seja, a partir de que valores pensam e agem os trabalhadores, ou a partir de que valores pensam e agem a burguesia, ou os camponeses, ou a pequena burguesia e assim por diante, numa clara aproximação em relação ao universo da sociologia compreensiva de Weber (1979) e, no limite, um problema antropológico que permitiria ao pesquisador ir até a classe trabalhadora como Lévi-Strauss diante dos trobriandeses.

O problema é que desta forma se torna impossível compreender o ser da classe e sua consciência. O ser da classe é um ser em movimento, ceifado de contradições e seu processo de consciência também, que só pode ser compreendido no interior da totalidade de suas relações e não isoladamente.

Dissemos que a primeira expressão da consciência é o amoldamento, é a consciência da ordem da qual os trabalhadores fazem parte, expressando aquilo que Marx em seus primeiros textos largamente analisou como o fenômeno do estranhamento (*entfremdung*).

Em outro momento, vemos os trabalhadores se revoltando, entrando em luta, reivindicando suas demandas imediatas, aqui e ali explodindo em formas mais avançadas de luta contra a ordem capitalista. Em situações mais precisas e raras, podemos ver os trabalhadores levantando-se em movimentos históricos significativos, rompendo a ordem burguesa, ousando ir além dela, derrubando o estado burguês, iniciando experiências socialistas.

Diante deste movimento, as pessoas se perguntam: "qual é, então, a verdadeira essência da consciência da classe?".

Gorender (1999) chegou a uma conclusão espantosa: analisando bem as coisas, a classe trabalhadora é ontologicamente reformista. Os trabalhadores realmente existentes querem viver, pagar suas contas, receber seu salário, ter sua casa, ter sua educação e se tudo der certo deixar de ser trabalhador.

A consciência imediata é a consciência do ser inserido numa divisão social do trabalho, lutando na concorrência contra outros trabalhadores. Ora, se isso é a essência da consciência de classe dos trabalhadores, ela é, conclui o autor, ontologicamente reformista.

A consciência revolucionária seria, ainda na visão do historiador brasileiro, expressão de uma pequena burguesia descontente, revoltada que cria uma teoria e atribuiu a esse proletariado real uma tese que não é dele.

O reverso desta tese, mas que acaba por se aparentar no fundamental a ela, se apresenta na afirmação segundo a qual os trabalhadores são em si mesmos revolucionários. O próprio Lukács, no início das suas formulações marxistas, acreditava nisso. O Lukács em *Tática e ética*, numa passagem depois publicada em seu *A história e consciência de classe*, chega a falar o seguinte: "todo trabalhador é, em si mesmo, um marxista ortodoxo" (Lukács, 2005, p. 53). Evidente que há aqui um exagero.

É certo que a posição de classes dos trabalhadores é essencial para a formação e desenvolvimento de sua consciência de classe como possibilidade objetiva, e é isso que fala o marxista húngaro, mas isso não faz da consciência imediata do trabalhador sua consciência de classe, como o próprio Lukács bem sabe.

As duas teses, no entanto, se aproximam. Quem acredita que o proletariado é ontologicamente reformista, não consegue explicar os momentos de rebeldia e revolução. Quem acha que ele é ontologicamente revolucionário, não consegue explicar por que na maior parte do tempo ele não passa fazendo revoluções e rebeldia, mas sim acomodado à ordem.

Como podemos buscar uma solução para esse problema? Afirmando que os trabalhadores não são em si mesmo nem reformistas natos nem revolucionários por natureza. Da mesma forma, a consciência de classe dos trabalhadores não é nem ontologicamente revolucionária, nem reformista.

Estas manifestações são expressões do ser da classe trabalhadora, ou seja, a classe trabalhadora é ao mesmo tempo uma classe da ordem do capital, por isso expressa na sua consciência os elementos do amoldamento e, exatamente por ser uma classe da ordem do capital, pode entrar em choque com esta ordem almejando ir além dela e, quando o faz, expressa uma consciência que pode chegar a uma consciência de classe.

Devemos resgatar Hegel e com ele afirmar que a verdade está no todo, mas o todo nada mais é do que o processo de sua constituição (Hegel, 1997, p. 31).

Onde está, então, a consciência de classe? Ela está no movimento que a leva da alienação inicial à rebeldia, a constituição das lutas imediatas, da possibilidade de constituição de um sujeito histórico. É esse movimento, nos termos de Marx tomando por empréstimo as palavras hegelianas, que leva da consciência em si à consciência para si.

Desta maneira, estamos agregando algo ao debate de nosso tema que não é estranho a Marx, mas que normalmente não é considerado. A consciência de classe dos trabalhadores está no movimento que a leva da consciência em si para a consciência para si, mas existe um momento anterior à própria consciência em si e que é a expressão mais imediata da consciência dos trabalhadores serializados na concorrência.

Dizem Marx e Engels (2007, p. 62): "[...] a concorrência isola os indivíduos uns dos outros, não apenas os burgueses, mas ainda mais os proletários, apesar de agregá-los". Assim, o mais correto seria dizer que o movimento da consciência da classe trabalhadora vai desde sua serialidade própria da concorrência, na qual a classe agregada pelo capital como classe se manifesta como uma pulverização de indivíduos submetidos à concorrência, como a própria burguesia, até o momento da luta contra o capital e da vivência das contradições desta forma particular de produção social da vida que torna possível que os trabalhadores se apresentem como uma classe, ainda nos limites de uma classe da ordem do capital (em si); para, em um outro momento, como a potencialidade de ir além da ordem do capital (para si).

A compreensão do processo de consciência neste registro é que nos leva ao tema central de nossa reflexão. Esse movimento não é linear, nem evolutivo e, de certa maneira, a esquerda brasileira do último período acreditou que fosse.

Era uma vez uma classe toda dispersa, submetida às relações do capital, sob uma Ditadura, enfrentando situações concretas no arrocho, da intensificação do trabalho, e daí as greves que eclodem no final dos anos 1970. Os trabalhadores entram em cena, fundem-se como uma classe e exigem negociar com o capital as condições da sua vida no trabalho, conformam-se como uma classe na luta contra os patrões, criam organizações próprias que dão forma a este momento do ser da classe (em si) e ensaiam os germes de um sujeito histórico com independência de classe para apresentar um projeto societário contra o capital (para si) apontando para um projeto socialista, momento que não chegou a se completar.

É compreensível que aqueles que estavam inseridos neste movimento tenham imaginado tal processo de maneira linear e progressiva, tratava-se apenas de uma questão de tempo. Infelizmente, as coisas não são tão simples. Tal trajetória, como todo movimento dialético, é em espiral, avança por recuos, retoma patamares já superados, despenca para trás.

O processo de constituição da classe como classe, nos termos de Marx no *Manifesto comunista*, é um processo político de luta de classes, portanto, sujeito a toda dinâmica da luta entre as classes.

A classe se conforma em grande parte por aquilo que ela produz em cada momento do seu movimento histórico. Ocorre que não apenas a classe produz suas formas políticas organizativas, num certo momento essas formas uma vez produzidas agem sobre a classe e a constituem como classe em uma determinada direção.

Lênin, assim como Gramsci em outro momento, afirma que há momentos em que as massas avançam adiante dos partidos, mas há momentos em que os partidos têm a obrigação de avançar além das massas. Ou seja, é fundamental que aprendamos com as massas o que fazer, mas é fundamental num certo momento que o partido diga às massas a direção a ser seguida, dirigindo-as.

Quando nós entendemos equivocadamente a ideologia como mero conjunto de ideias que se impõe coercitivamente, o caminho para superá-la é a educação, ela seria o meio pelo qual eu posso arrancar os trabalhadores da alienação e trazê-los para a consciência de classe, para a luta e daí para a revolução.

No entanto, se estivermos certos em nossas análises sobre o processo de consciência (Iasi, 2002, 2006, 2011), a crise da forma de consciência imediata dos trabalhadores se dá na vivência das contradições do real. No processo ideológico, assumimos como nossos os valores burgueses, pois estes são as expressões ideais das relações sociais de produção determinantes, nas quais nos inserimos necessariamente e independente de nossas vontades. Se esse é o mecanismo originário da consciência imediata e igualmente útil para ideologia, ou seja, quando a ideologia dominante age sobre nós, ela age sobre algo que a reconhece, não é uma mera imposição de fora. Ela dialoga com as relações que são a sua própria base.

Ora, se isso é verdade, a superação só pode se dar por uma contradição no campo dessa vivência, no cotidiano. O que entra em contradição, em um primeiro momento no processo de consciência, são as ideias anteriormente introjetadas na vivência de um novo contexto material que se choca com os valores ideais próprios de outros contextos.

Algo tem que ser explicado. Essa contradição é uma passagem. É um ponto que permite ação vivida num primeiro momento individualmente como sina, como contradição do próprio indivíduo isolado, mas que, em certas condições sociais das lutas históricas, podem dar um salto significativo. Vivenciar essa contradição que julgava minha num contexto onde a percebo também nos outros. Isso permite a fusão (Sartre, 1979). A formação do grupo inicial que, ao se desenvolver, pode levar uma consciência de classe em si.

No entanto, se é verdade que a vivência das contradições move as pessoas para essa possibilidade, e as trajetórias vividas na situação de militância são a comprovação disso, não é verdade que ela, por si mesma, se desenvolve até uma consciência revolucionária.

Se é verdade — e é — que o movimento da consciência só pode brotar da vivência das contradições particulares, a compreensão da natureza dessas contradições não está nessa vivência da particularidade, na imediaticidade, não só por uma regra filosófica que afirma que o particular está no universal, mas o inverso não é válido, ou seja, o universal não está completamente no particular; mas porque se trata do campo da aparência, do campo da cotidianidade, do campo da superfície, no qual as verdadeiras determinações não se expressam.

É neste momento que se torna essencial a teoria, o momento que nos permite compreender a profundidade da afirmação leniniana, segundo a qual sem teoria revolucionária não há revolução. Trata-se de captar a totalidade como síntese de determinações complexas, e não podemos encontrá-la no cotidiano e no âmbito da imediaticidade.

O paradoxo é que é exatamente aí, neste cotidiano, que se encontra a chave para a superação do estranhamento, pois é aí que as contradições entre os valores ideais se chocam em contradições com o real, mas isso não é suficiente.

É a compreensão das determinações mais profundas, é a compreensão da totalidade que permite aos trabalhadores se ver como classe histórica que são, compreender a natureza da forma capitalista e pensar a sua superação, pensando inclusive as vias de realização e as formas organizativas políticas necessárias.

O que devemos destacar é que isso tem que ser construído pela prática política da classe trabalhadora, é um esforço subjetivo da classe no seu caminho de emancipação.

Aqui ocorre, no entanto, uma inversão interessante.

É típico do ciclo que estamos encerrando aqui. Do mesmo modo que acreditamos que podemos produzir o salto da consciência através da educação, contrapondo novas ideias às velhas ideias, passamos a acreditar que as tarefas descritas, como a elaboração das estratégias, as vias revolucionárias e as formas organizativas a elas associadas são uma espécie de tarefa que a história resolve por nós. Vejam que interessante, nós queremos fazer o trabalho da história e esperamos que ela gentilmente faça o nosso.

Tem uma crise mundial e os marxistas todos vão para a janela e falam: "Agora vai". Os trabalhadores olham para esquerda dividida e perguntam quando vamos nos unificar? Respondemos: "Depende da história".

O problema é que não depende. Depende da ação política da classe, da ação subjetiva da classe, da capacidade de se apropriar do instrumento teórico da classe, que é o marxismo, para compreender o real além de suas aparências, analisar as situações e os contextos concretos numa perspectiva histórica e deles derivar nossos planos de luta e formas organizativas. Esse conjunto de tarefas cabe aos trabalhadores, não à história.

Não me assusto com o apassivamento porque tenho certeza de que ele não é definitivo. Várias vezes na história, as pessoas chegaram a acreditar que a ordem finalmente havia neutralizado seu principal inimigo, seja pelo uso brutal da força, seja pelo poder ideológico de gerar "consentimento". Devemos lembrar de situações dramáticas como o nazismo ou de militantes revolucionários nos EUA na década de 1920, no auge da social-democracia europeia ou em outras situações-limite.

É difícil viver em épocas de reação conservadora. Agora, não devemos nos assustar, porque a dinâmica das relações capitalistas produzirá as condições em que a classe romperá esse véu enganador das aparências consensuais que tentar encobrir os antagonismos reais, e a classe reencontrará seu processo de luta (vejam as coisas como estão na Europa e nos EUA hoje em dia[1]).

A ordem do capital continua fazendo seu trabalho. Ela vai nos explorar até provocar pontos de tensão de incompatibilização com a vida. Já no campo das condições subjetivas há problemas.

Quando nossas formulações se apresentam equivocadas, a representação política da classe acaba por moldar a classe e sua ação em uma direção igualmente equivocada. Não se trata do desvio idealista que atribui ao elemento teórico o poder decisivo que determina o

---

1. No momento da elaboração deste texto, presenciávamos os movimentos dos "indignados" na Espanha e o denominado "occupy" nos EUA, ainda não tínhamos vivenciado os protestos populares que tomaram conta do Brasil em junho de 2013, o que vem a confirmar nossa convicção.

sucesso ou fracasso de uma alternativa, mas de considerar que ele, nos termos de Engels ([19--], p. 284), pode agir de maneira decisiva na determinação das formas das lutas em curso.

Se nos equivocamos na compreensão da formação social brasileira, traçamos estratégias equivocadas. Isso implica desvios na forma como organizamos a classe para a ação e os caminhos que indicamos para serem trilhados.

Por exemplo, a força hegemônica que dirige hoje a classe trabalhadora (o PT) está convencida de que os problemas sociais se resolverão pelo desenvolvimento do capitalismo. Está convencida de que o socialismo foi reduzido a uma meta moral, um valor ligado à luta pela igualdade e contra a injustiça, e isso pode ser alcançado, segundo pensam estes senhores, sobre o solo das atuais relações sociais de produção e as formas de propriedade próprias do modo de produção capitalista. Mais do que isto, os problemas e carências da classe trabalhadora são expressão do baixo desenvolvimento do capitalismo, portanto, seriam resolvidos pelas políticas de desenvolvimento. Tal compreensão nos levou à proposta de pacto social que orienta o governo petista e suas consequências.

Uma análise concreta de uma situação concreta, no entanto, nos levaria a outra constatação: o capitalismo completou-se no Brasil e no mundo.

Não temos educação, não temos saúde, temos várias formas de opressão, de desumanização, tudo virou mercadoria, e tudo isso não se dá por falta de capitalismo, nós temos essas carências por causa do desenvolvimento capitalista. Ora, essa constatação nos leva a uma conclusão: nossa estratégia deve ser uma estratégia socialista.

Retornando ao nosso tema, devemos considerar que a constatação da necessidade de uma estratégia socialista não implica que a classe trabalhadora em seu movimento real tenha percorrido o caminho que a leve à mesma consciência. Acreditamos que o processo político recente a tenha levado no sentido contrário. Nossa classe está convencida de que o capitalismo não é tão ruim assim, desde que eu ganhe o suficiente para pagar as prestações. Sua autonomia de classe foi quebrada, sua identidade moldada nos limites de uma cidadania burguesa, como consumidores, cindidos entre indivíduos privados na sociedade civil e cidadãos no Estado.

Há um abismo entre a consciência possível que chega à necessidade de superar capital e o sujeito que pode realizar essa superação.

Dois caminhos se apresentam neste momento. Ou você desiste e vira pós-moderno, ou você vai até a classe buscar as mediações políticas, educacionais e organizativas necessárias para construir o movimento no sentido dessa superação. Neste trabalho, a educação formal e a não formal são essenciais. Acredito, como Paulo Tumolo (2002), que a educação formal é necessária, mas insuficiente.

É essencial que a classe crie seus próprios espaços formativos, porque não é verdade que o conhecimento considerado como neutro nos ajude em nossas tarefas pelo simples fato de ser conhecimento humano acumulado bastando socializá-lo. O conhecimento é revestido de ideologia, direcionado para uma funcionalidade de reprodução e garantia da ordem. Os trabalhadores, na imagem gramsciana, devem fazer seu inventário, resgatar do conhecimento universal mais desenvolvido as bases para a constituição de sua autonomia de classe, desvelando os fundamentos políticos e os interesses de classe que perpassam o conhecimento e as formas educativas, e esta é uma tarefa que passa pela socialização do conhecimento nos espaços formais, mas exige que saibamos construir nossos próprios espaços formativos, pois certos temas e formas educativas exigem espaços próprios e independentes.

Nossa tarefa, então, é construir as mediações que permitam que a consciência como possibilidade objetiva de um sujeito histórico se transforme em força material e se apodere das massas elevando sua consciência imediata ao nível de uma consciência revolucionária, ou como afirmou Che Guevara, quando o extraordinário se torna cotidiano é a revolução. Mas o que fazer numa circunstância em que percebemos a necessidade da revolução e ela não é possível? Preparar as condições que a tornem possível. Eis nossa tarefa.

Mas os trabalhadores vão entender ou estamos separados pelo abismo de duas formas de consciência e duas linguagens estranhas entre si? Será este um diálogo impossível? Deixemos que Bertolt Brecht nos responda:

> É sensato. Todos podem entender. É fácil.
> Você não é um explorador,
> pode compreendê-lo.
> É feito para você.
> Procure examiná-lo.
> Os estúpidos chamarão de estupidez,
> os imundos de imundice,
> mas está contra a sujeira e a estupidez.
> Os exploradores consideram um crime,
> mas nós sabemos
> que é o fim dos crimes.
> [...]
> Não é um enigma,
> mas a solução do enigma.
> É uma coisa simples,
> Difícil de ser feita.

Referências

BRECHT, B. *Antologia poética*. Rio de Janeiro: Elo, 1982.

DURKHEIM, E. *As regras do método sociológico*. São Paulo: Editora Nacional, 1976.

ENGELS, F. Carta a Bloch, setembro de 1890. In: *Obras escolhidas*. São Paulo: Alfa-Ômega, [19--]. v. 3.

FERNANDES, F. *A revolução burguesa no Brasil*. Rio de Janeiro: Zahar Editores, 1975.

GORENDER, J. *Marxismo sem utopia*. São Paulo: Ática, 1999.

GRAMSCI, A. *Cadernos do cárcere*. Rio de Janeiro: Civilização Brasileira, 1999. v. 1.

HEGEL, G. W. F. *A fenomenologia do espírito*. Petrópolis: Vozes, 1997.

IASI, M. *O dilema de Hamlet*: o ser e o não ser da consciência. São Paulo: Viramundo, 2002.

IASI, M. *Metamorfoses da consciência de classe*: o PT entre a negação e o consentimento. São Paulo: Expressão Popular, 2004.

IASI, M. *Ensaios sobre consciência e emancipação*. 2. ed. São Paulo: Expressão Popular, 2011.

LUKÁCS, G. *Táctica y ética, escritos tempranos (1919-1929)*. Buenos Aires: El Cielo por Asalto, 2005.

LUKÁCS, G. *História e consciência de classe*. Porto: Escorpião, 1974.

MARX, K.; ENGELS, F. *A ideologia alemã*. São Paulo: Boitempo, 2007.

REICH, W. *A psicologia de massas do fascismo*. Porto: Escorpião, 1974.

SARTRE, J.-P. *Crítica de la razón dialectica*. Buenos Aires: Losada, 1979.

TUMOLO, P. S. *Da contestação à conformação*: a formação sindical da CUT e a reestruturação capitalista. Campinas (SP): Ed. Unicamp, 2002.

WEBER, M. *Ensaios de sociologia*. Rio de Janeiro: Zahar, 1979.

Educação Popular: formação da consciência e luta política*

A formação política é uma das ações mais enfatizadas pelas organizações dos trabalhadores em seu processo de luta pela emancipação humana. Paradoxalmente, esta eterna prioridade quase sempre é relegada, na prática, a essas organizações. A cada encontro ou congresso dos movimentos e organizações das forças populares, a formação é reafirmada, para no próximo encontro detectarmos que aquilo que foi planejado não se realizou, ou, no limite, não se realizou da forma como se esperava. Por que isto acontece?

Em nossa visão, há uma certa mistificação do tema da "formação política" ou da "educação popular", dependendo da maneira como o assunto é tratado entre nós. Por vezes, a formação assume o perfil de uma mera transmissão da linha partidária, ou de uma doutrina, e, por outro lado, por vezes, assume o papel supervalorizado de criadora da própria consciência que nos levará às transformações revolucionárias. De um lado, uma simples técnica de socialização de uma teoria transformada em receituário colado a determinados "modelos" que devem ser repetidos; de outro, o espaço de formulação e elaboração de um

---

* Transcrição da fala no Seminário de Educação Popular e Lutas Sociais do CFCH da UFRJ no dia 18 de novembro de 2004 e que serviu de base para a fala no ato de lançamento do CEPA-EP — Centro de Estudo, Pesquisa e Ação em Educação Popular. Modificado para a presente publicação.

suposto novo conhecimento que iluminará as mentes, levando a consciência em si, através do ato educativo, até uma consciência para si.

Há um evidente exagero nesta polarização. No entanto, ela nos ajuda a compreender o movimento percorrido pelas experiências em formação política no Brasil e algumas de suas lacunas. Para nós, a questão inicial a ser enfrentada é que a forma da educação popular, ou da formação política de quadros, está inseparavelmente ligada à maneira como as forças políticas entendem o processo de formação da classe e concebem o caminho para a sua emancipação.

A própria ideia de que há necessidade de um processo educativo especificamente voltado aos trabalhadores, com vistas à socialização de determinado conhecimento essencial em sua tarefa transformadora, já implica certos pressupostos, quais sejam: 1) há uma diferença entre aparência e essência, de forma que a simples vivência da realidade não oferece a compreensão necessária das determinações que sustentam uma particular forma de sociedade; 2) a compreensão de que as diferentes alternativas societárias correspondem a interesses de classe, o que nos leva a afirmar que tanto a manutenção da atual ordem social como a possibilidade de sua superação envolvem projetos históricos de determinadas classes sociais; 3) acreditar que as transformações históricas podem ser um projeto consciente, que elas expressam uma intencionalidade, ou seja, que, no caso da etapa proletária e socialista, as revoluções não "acontecem", mas têm que ser "feitas"; 4) compreender que, na realização de uma revolução social, combinam-se aspectos objetivos (grau de avanço das forças produtivas materiais e sua contradição com as relações sociais existentes, grau de amadurecimento de uma situação revolucionária, crise nas cúpulas, aumento da miséria e angústia das massas, acirramento do movimento independente das massas etc.), com aspectos subjetivos, que Lênin identificou como a "capacidade da classe revolucionária em produzir ações revolucionárias de massa que levem à derrubada do poder da classe dominante" e que envolvem a capacidade de elaboração de programas táticos e estratégicos produzidos pela compreensão das formações sociais em suas particularidades, assim como a constituição dos meios organizativos capazes de produzir os vínculos diretos com o movimento vivo da classe.

Como vemos, é somente a partir destes pressupostos que faz sentido a necessidade da formação política, e, por isso, também, acreditamos nós que ela entra em crise no atual momento de defensiva política dos trabalhadores, no qual estes pressupostos são questionados. A ofensiva pós-moderna funda sua principal argumentação na afirmação da emergência de uma sociedade "pós-industrial", na qual as classes perderam a centralidade explicativa que antes representavam, ao mesmo tempo que abrem suas baterias críticas contra o marxismo, acusando-o de ser uma visão mal superada de hegelianismo reapresentando a classe trabalhadora como sujeito de uma história transcendental, de um projeto teleológico, ou seja, que Marx teria apenas substituído o "Espírito do Mundo" de Hegel pelo proletariado, mas mantido toda a estrutura voluntarista e idealista do filósofo alemão.

Neste cenário de derrota e defensiva da luta dos trabalhadores, a formação perde o sentido e a educação popular metamorfoseia-se em programas de "inclusão social", "desenvolvimento de cidadania", "educação para o trabalho", ou, ainda, assume a forma de meros atos de propaganda e de informação.

Afirmamos que o trabalho educativo, na perspectiva de uma educação popular revolucionária, só faz sentido para aqueles que acreditam, como nós, na possibilidade de a classe trabalhadora poder tornar-se um sujeito histórico capaz de apresentar um projeto societário alternativo contra a ordem do Capital. O registro pós-moderno rompe com a ideia de sujeito histórico, diluindo-se na singularidade do acontecimento, no acaso da luta particular, alterando radicalmente o papel do conhecimento e, daí, o papel do próprio intelectual orgânico, nos termos gramscianos.

Como, em nossa compreensão, os aspectos subjetivos de um processo de construção de uma alternativa revolucionária se encontram em uma relação de unidade de contrários com os aspectos objetivos, ocorre uma ação e reação recíproca de forma que um dos aspectos pode, em certo momento, transformar-se em seu oposto, o que, no caso, significa que os aspectos objetivos podem levar à conformação de uma consciência revolucionária, assim como esta consciência passa a agir como força material quando se objetiva na ação da classe. Esta aproximação nos coloca em uma situação delicada, que é a de afirmar que, assim como não acreditamos que as contradições objetivas e o processo de luta conduzem mecanicamente às alterações da consciência, da mesma forma, não podemos concordar que os impasses práticos da luta de classe possam ser resolvidos por uma mera ação educativa.

O papel e a importância da formação política encontram-se na fronteira desta disjuntiva; estando profundamente ligada à maneira como compreendemos o processo de consciência. O sujeito da transformação revolucionária assume a forma de uma classe social, mas ela não se apresenta sempre como uma classe no sentido de um sujeito histórico. Este argumento, que implica negar uma certa visão de que as classes seriam meros espaços determinados pelas posições relativas diante da propriedade e das relações sociais de produção, nos remete ao conceito das classes como fruto de uma síntese de inúmeros fatores, que incluem, além dos já citados, o processo de formação da classe em seu processo de luta e a consciência de classe.

Esta consciência de classe não pode ser confundida com um de seus momentos, seja ele a alienação típica da serialidade dos indivíduos em disputa na sociedade do capital, a conformação como uma classe em si da ordem capitalista, na qual os trabalhadores procuram se amoldar como parte integrante, ou o momento de negação da ordem e de possibilidade de afirmação de uma autonomia histórica como classe para si. A consciência é um movimento que passa por esses momentos, é um todo e, como tal, é apenas o processo pelo qual se tornou o que é.

Este movimento da consciência não pode ser compreendido para além do próprio movimento do ser da classe e, nesse sentido, a classe trabalhadora, em seu processo de constituição enquanto classe, passa, também, por processos que vão desde a serialidade inicial dos indivíduos até momentos de amoldamento à ordem do capital e de negação desta mesma ordem. Isto ocorre porque a classe trabalhadora é, ao mesmo tempo, uma classe **na** ordem capitalista, sem que seja uma classe **da** ordem capitalista.

Podemos, então, concluir que esses diferentes momentos do processo de entificação da classe como classe, nos termos de Marx, encontram sua correspondência em diferentes momentos da própria consciência de classe. Entretanto, se esta é a base material, o aspecto objetivo da consciência de classe, ela não é determinada mecanicamente apenas por ele, uma vez que intervêm aspectos subjetivos, ou seja, são produzidos pelos sujeitos revolucionários e pelas organizações, que moldam, de certa forma, a classe no sentido da negação ou do amoldamento.

É neste campo que a formação intervém de forma decisiva. A vivência das contradições próprias do sistema capitalista pode levar os indivíduos até formas de associação grupal, desde as mais imediatas até graus diferenciados de pertencimento de classe. Este processo, porém, encontra seus limites nos contornos da formação das classes da sociedade do capital, no limite do que Marx chamaria de consciência em si. A possibilidade de um salto de qualidade em direção a uma consciência revolucionária se produz pela combinação, por um lado, da vivência prática dos impasses e impossibilidades de completar a emancipação dentro dos limites não superados de uma sociedade regida pelo capital, e, por outro, pela apropriação de instrumentos teóricos que permitam ir além das aparências e compreender as determinações profundas que estão na base das injustiças e da exploração contra as quais a classe se move.

Existe, portanto, três dimensões distintas no que tange ao trabalho revolucionário empenhado em constituir as chamadas condições subjetivas: agitação, que potencializa as contradições vividas individualmente até formas variadas de sociabilidade grupal; organização, que potencializa estes formas grupais desde níveis imediatos até graus maiores de pertencimento de classe (associações, sindicatos, movimentos sociais, partidos etc.); formação, propriamente dita, que acompanha este movimento no sentido de buscar as causas e determinações da sociedade atual, tornando possível uma leitura da realidade que seja capaz de autonomia histórica, nos termos de Gramsci.

Algumas experiências históricas do trabalho educativo no campo da formação política não atentaram para a diferença de natureza entre estes momentos, ou, como ela foi determinante nos momentos mais recentes deste processo, diluíram as diferenças na afirmação tão comum segundo a qual "tudo é formação", ou "tudo tem uma dimensão pedagógica". Desta maneira, a formação política acaba sendo confundida com uma mera agitação e subordina-se à ação, ou uma mera técnica de homogeneização (aliás, é daí que deriva o termo "formação" — colocar na forma), subordinando-se à organização. Seja como for, a formação perde sua especificidade.

Segundo o que pensamos, a formação encontra sua especificidade na tarefa essencial de socializar os elementos teóricos fundamentais para que os elementos da classe trabalhadora possam constituí-la enquanto sujeito histórico, ou seja, capaz de apresentar uma alternativa societária com independência e autonomia histórica. Para tanto, os elementos que compõem a classe precisam compreender a natureza particular da sociedade capitalista, suas determinações e sua formação histórica, assim como a luta de sua classe, o movimento na história da própria constituição da classe trabalhadora enquanto classe, suas estratégias, suas epopeias e derrotas, para retirar de cada grão da história seus ensinamentos. Mas também e, fundamentalmente, apropriar-se de um método que tornou possível estes saberes; que desvendou a economia política; que, através da crítica da economia política, logrou compreender o ser do capital em sua essência; que, buscando captar o movimento das formas, chegou a compreender os processos pelos quais as formas se superam; que, compreendendo a natureza singular da transformação que a sociedade especificamente capitalista, em seu auge, prepara, pôde encontrar, na classe trabalhadora, o sujeito histórico desta transformação e, nesta forma particular, a possibilidade de uma emancipação humano-genérica. Em uma palavra, a formação implica, a nosso ver, na apropriação do legado marxiano pela classe trabalhadora.

A forma como tais objetivos foram pensados na tradição das organizações socialistas e revolucionárias em nosso país marca as diferenças fundamentais no que tange às concepções da formação política e de educação popular. Em um primeiro momento, devemos registrar que o processo de formação da classe trabalhadora brasileira carrega a herança das lutas populares e de resistência, que têm sua origem no passado colonial e escravista da formação social brasileira.

Foi, entretanto, com o processo de transição para uma economia capitalista na passagem do século XIX para o século XX que se inaugurou uma organização de classe que implicava um trabalho específico de "formação" ou "educação". Nestes primórdios, temos a rica experiência da corrente anarcossindicalista e o desenvolvimento de métodos extremamente criativos que foram responsáveis pelo estabelecimento, de maneira pioneira, de uma cultura operária e emancipatória.

O movimento anarquista foi responsável por uma intensa militância cultural, por meio de um intenso trabalho de imprensa operária, da divulgação ampliada de ideais libertários através de textos, peças teatrais, esquetes, piqueniques e manifestações, e, principalmente, da ação direta das lutas sociais e reivindicatórias. A atividade educativa era encarada como parte central da luta social e da afirmação da autonomia das organizações operárias, inclusive na formação de escolas ditas formais controladas pelas organizações libertárias. A educação libertária é inseparável de suas funções agitativas ligadas à estratégia da ação direta, revestindo-se, por vezes, de uma ênfase moral. Os limites desta primeira forma são proporcionais a seus êxitos, encontrando sua forma mais desenvolvida nas greves gerais de 1917 e 1919.

Evidente que a experiência anarquista não pode ser julgada por não se utilizar do referencial marxista, uma vez que fundamentava sua estratégia sobre outros alicerces. Entretanto, a categoria da ação direta implicava em recursos morais, profundamente anticapitalistas, que necessitavam ser massificados para se tornarem eficazes enquanto arma política. O aspecto da compreensão da particularidade da formação social brasileira, o caráter da sociedade, das classes e do Estado no Brasil, não chegou a constituir questão central na elaboração, e, portanto, no trabalho educativo-político anarquista.

O impacto da Revolução Bolchevique na Rússia e os limites práticos das estratégias anarquistas concorreram para a formação do

PCB em 1922 e para o início de uma longa hegemonia da tradição comunista no Brasil, que se estendeu até o golpe militar de 1964. Se, na experiência anarquista, a formação encontrava sua maior expressão na esfera da agitação e da formação de uma cultura operário-libertária (sem que desconsideremos que a estas esferas ligava-se um intenso trabalho organizativo), a tradição comunista colocava sua ênfase na organização, de maneira que a formação assumia o papel de socialização de uma doutrina marxista como síntese de um pensamento revolucionário capaz de dotar de homogeneidade o corpo da classe enquanto partido. A eficiência desta forma, que pode ser medida pela longevidade da experiência organizativa dos comunistas brasileiros, também foi proporcional a seus limites. Colocando a classe trabalhadora em movimento como um novo sujeito histórico, em muitos momentos, como ator determinante de certas conjunturas, o PCB levou a formação política até um alto grau de organização que atingia com grande eficiência a tarefa de multiplicação de militantes, orientados por uma linha de ação comum. Entretanto, a formação, exatamente por isso, subordinou-se à organização e assumiu uma forma de socialização de uma linha de ação.

O limite desta experiência, assim como o da contribuição anarcossindicalista, não deve ser medido pelo crivo do sucesso ou fracasso da estratégia adotada, mas através dos caminhos percorridos para a construção destas alternativas. O que nos chama a atenção é que essas experiências que alcançaram índices invejáveis de aglutinação, organização e mobilização das massas operárias e que construíram meios de educação e desenvolvimento de elementos culturais responsáveis pelo estabelecimento de gerações de militantes convictos fundarão suas estratégias em uma leitura bastante precária a respeito da particularidade da formação social brasileira.

É verdade que a tradição comunista deu um salto significativo nesta direção, através de estudos pioneiros, como os de Octávio Brandão e Astrojildo Pereira, entre outros, mas devemos notar que acabou por prevalecer a imposição de modelos comparativos determinantes, como no caso da definição de estratégias insurrecionais, como as de

1935, ou na definição de um caráter Nacional Democrático como a estratégia que prevaleceu nas décadas de 1950 e 1960.

A própria diversificação da esquerda brasileira, tendo por tronco fundamental o PCB, ou a ele se contrapondo, acaba por confirmar esta tendência. A fonte destes modelos pode ser encontrada na dinâmica do movimento revolucionário internacional e nos acontecimentos dramáticos que emanavam das experiências de transição revolucionária em curso, como seria natural de se esperar. Desta maneira, com a hegemonia das concepções de Stálin na URSS, forma-se, por contraste, no Brasil, a corrente trotskista, principalmente a partir do grupo 1º de Maio e depois da Liga Comunista Internacionalista. Na cisão entre a URSS e a China, já na década de 1960, tem início a formação de cisões que procuram uma possibilidade de leitura maoista no Brasil, posteriormente ganhando forma com a criação do PC do B em 1962, da mesma forma que a crise da estratégia nacional democrática do PCB, com o golpe em 1964, levaria vários grupos a se aproximarem do modelo guerrilheiro emanado da experiência bem-sucedida da Revolução Cubana de 1959.

De forma muito geral, podemos afirmar que a opção por modelos alternativos não se dava por diferentes leituras da formação social brasileira, mas pela busca de parâmetros encontrados nas experiências que obtiveram êxito em cada período (Revolução Russa, Chinesa, Cubana etc.). Neste grau de pulverização, a formação política assume a forma de uma "justificativa" da superioridade de cada modelo em comparação aos outros, perdendo sua especificidade de permitir a apropriação de um método de compreensão da realidade do qual derivassem as formulações estratégicas adequadas à particularidade brasileira; na verdade, a tradução particular das leis gerais dos processos revolucionários.

Uma das características comuns a todas as experiências revolucionárias vitoriosas no século XX é que, em algum momento, suas vanguardas entraram em choque com uma determinada ortodoxia que lhes queria impor como modelo uma certa alternativa. Foi assim na Revolução Russa, com o rompimento da ortodoxia da II Internacional; foi assim na Revolução Chinesa, ao superarem a imposição da estratégia Petrogrado, sustentada na visão insurrecional a partir das cidades operárias, afirmando a estratégia da Guerra Popular Prolongada, da mesma forma que a Revolução Cubana soube encontrar seu caminho ultrapassando o círculo de giz da revolução pacífica e se recusando a optar entre o caminho da insurreição urbana ou da guerra de guerrilhas com centralidade no campo, combinando, de maneira original, os dois caminhos para encontrar o seu próprio.

O que se encontra na base desta heterodoxia é a capacidade de aplicar o método como instrumento de compreensão de uma realidade particular à luz de ensinamentos universais.

Estas experiências contaram, cada uma ao seu modo, com ações de formação e educação. Entretanto, esta ação, nos casos descritos, foi restrita à formação dos quadros que compunham as organizações de vanguarda e se estendiam às bases de apoio à classe através de ações que seriam mais bem descritas como táticas de agitação e propaganda.

Em momentos muito específicos, como é o caso dos círculos de estudo do marxismo na Rússia, incentivados por Plekanov e, depois, por Martov e Lênin, ou o trabalho educativo nas áreas liberadas, no caso Chinês e Cubano, temos momentos próprios de formação combinados com ações revolucionárias em curso. Nestas experiências, mesmo considerando as exceções descritas, o verdadeiro trabalho de formação ocorreu após as vitórias revolucionárias, e não antes.

Na tradição brasileira mais recente, aquela que emerge do final do ciclo autoritário nos anos 1970 e 1980, curiosamente, o trabalho de formação ganha o *status* de uma tarefa imprescindível que deveria ser realizada antes e como condição *sine qua non* do processo revolucionário. Criticando a forma que era identificada como vanguardista das experiências anteriores, no caso do Brasil, principalmente o PCB, a incorporação da classe trabalhadora como sujeito direto de suas próprias lutas implicava na forma de massas das organizações. Nesta aproximação, a educação popular, termo que muitas vezes é usado exatamente para fazer o contraponto à formação política identificada como de quadros, converte-se no meio essencial da estratégia.

Assim como a tradição anterior privilegiava o conteúdo, a nova tradição iria insistir na forma, entendida como a maneira de realizar a atividade respeitando as formas de pensamento e o conhecimento popular.

Papel decisivo nesta alternativa teve a entrada de militantes católicos ligados à Teologia da Libertação e o desenvolvimento de um método que orientava a ação destes cristãos: o chamado VER, JULGAR e AGIR. A educação popular que prevaleceu neste período e que se impôs como forma hegemônica é, na verdade, uma síntese entre esta vertente cristã e a antiga tradição marxista, que se multiplicou nas organizações político- -militares nos anos de resistência à ditadura e que reaparece no cenário político com a abertura e a anistia no final dos anos 1970.

Grosso modo, suas principais características são: a forma de massas, a preocupação com as metodologias participativas, o vínculo com os movimentos sociais e uma certa relativização do conteúdo. Na verdade, essa maneira de entender a educação popular procurava afirmar duas diferenças essenciais: atribuir aos participantes o papel de sujeitos do processo educativo, levando à afirmação que, nas atividades educativas, é produzido um "novo conhecimento", e o vínculo direto com a organização, levando à conclusão, antes por nós referida, segundo a qual "tudo é formação".

Os fundamentos da forma que assumiu caráter hegemônico no período mais recente na educação popular encontram-se na famosa formulação, segundo a qual, o processo educativo deve partir da prática concreta, elevar-se até abstrações teóricas para voltar à prática, transformando-a, afirmação que se sintetizou na fórmula P-T-P. Conhecida como "concepção metodológica dialética", nos termos de Oscar Jara e de seus seguidores no Brasil, essa concepção assumiu *status* de quase uma unanimidade, orientando as experiências formativas das principais organizações dos trabalhadores no período, tais como a CUT, o PT e o MST, além de inúmeras iniciativas de organização popular, como as pastorais, movimentos populares, sindicatos e núcleos de educação.

Assim como as experiências anteriores, esta forma particular atingiu uma grande dimensão, principalmente no seu aspecto de massa e nos vínculos que foi capaz de criar com as bases populares da classe trabalhadora, constituindo uma geração de militantes sociais. Nas razões de sua eficiência, encontramos algumas das raízes de seus limites. A educação popular estendeu ao máximo sua amplitude, mas diluiu suas características iniciais classistas e anticapitalistas, não chegando a formar uma verdadeira cultura socialista e, muito menos, revolucionária. Ainda que divulgadora de valores militantes, a crítica anticapitalista raramente ultrapassava a crítica moral, fazendo com que a formação assumisse uma forma mista de agitação e tarefa organizativa. Na verdade aglutinadora, mais do que organizativa.

O verdadeiro limite desta forma não pode ser encontrado nela mesma, mas nas metamorfoses que a ação da classe sofreu no período e que impuseram à forma educativa funções muito distintas do que aquelas que inicialmente se anunciavam. Inicialmente, tratava-se de estabelecer um amplo movimento de massas, de caráter socialista, como um dos braços de uma estratégia que se completaria com a ocupação de espaços institucionais, entre eles, a participação em parlamentos e governos. Sabemos que a ênfase se inverteu, de maneira que os movimentos sociais se converteram no meio para a finalidade estratégica, que passou a ser a ocupação e manutenção dos espaços institucionais.

Esta deformação levou a uma alteração profunda no caráter da educação popular. Não se tratava mais de formar militantes de um projeto socialista, mas sim de organizar massas que se tornariam bases eleitorais, sejam elas para a disputa interna no partido, para as máquinas sindicais ou para as disputas eleitorais mais amplas. Pouco a pouco, a política de formação se converteu em uma política de informação ou de comunicação que perdia tanto sua capacidade agitativa, quanto a função de ser formadora de uma homogeneidade na condução de uma linha de ação.

No caso específico da CUT, como demonstra Paulo Tumolo, a formação política transitou para uma versão rebaixada de "formação profissional". No caso do PT, vivemos o desmonte de todo o programa de formação, que inclui um programa de formação de base e um programa de formação de formadores, sendo substituídos por estranhas e absolutamente ineficazes programas de "educação a distância" e veículos de comunicação e informação.

Um dos indicadores deste desmonte pode ser encontrado na falência do projeto das grandes escolas nacionais de formação, como o Instituto Cajamar e sua alternativa à esquerda, que foi representada pelo Instituto Nativo da Natividade.

A política de formação do MST seguiu um caminho distinto. Entretanto, ainda apresenta, em seus fundamentos, várias marcas desta mesma concepção hegemônica, tanto na concepção metodológica como na forma; tendo, inclusive, chegado à proposta de uma Escola Nacional. Assim como o MST, outras entidades de formação seguiram trajetórias distintas, como é o caso do Núcleo de Educação popular 13 de Maio (NEP) que, ainda que partindo da aceitação da concepção metodológica dialética, construiu uma trajetória bastante distinta, fundada em programas de formação unitários para diferenciadas realidades regionais e diferentes categorias e segmentos de classe, acabando por formular uma crítica substancial à metodologia hegemônica, apresentando, ainda que rudimentarmente, uma concepção alternativa. O NEP 13 de Maio chegou, em 2009, à sua 23ª turma de monitores com amplitude nacional, além de contribuir com iniciativas regionais no Rio Grande do Sul e na Bahia, e desenvolver algumas turmas no Paraguai.

Estas experiências, que parecem nadar contra a corrente, encontram, no período mais recente, uma aparente e paradoxal perenidade, e crescem mesmo em períodos de claro descenso.

Seja como for, podemos concluir afirmando, como em Karl Korsch, que a consciência dos trabalhadores não é mais que o outro aspecto do ser da classe e, por isso, os momentos de ascenso ou descenso do movimento real da classe deve implicar alterações na sua expressão consciente através de movimentos de negação ou acomodação. A construção de alternativas revolucionárias encontra, no instrumento da formação política, não a capacidade de evitar os momentos de acomodamento, o que levaria a uma supervalorização deste instrumento, mas de enfrentá-los com uma qualidade superior e sobreviver às crises retirando delas os valiosos ensinamentos que construirão as futuras vitórias de nossa classe.

Conexão de saberes: um espaço de formação política

> *"É possível contemplar este movimento prático nos seus mais brilhantes resultados, ao ver os agrupamentos de trabalhadores [...] A sociedade, a associação, o entretenimento, que de novo tem a sociedade como seu objetivo, é o bastante para eles; a fraternidade entre os homens não é uma frase vazia, mas uma realidade, e a nobreza da humanidade irradia sobre nós a partir das figuras endurecidas pelo trabalho."*
>
> Karl Marx

Em algum momento nos dividimos, e o humano tornou-se estranho ao humano. Quando jovens chegam à universidade vindo dos espaços populares, percorrem uma distância que nem o maior dos desbravadores conhecido percorreu. Percorrem o caminho de volta que um dia separou o trabalho material do trabalho intelectual, condenando parte da humanidade a se ver privada de uma das dimensões da práxis, aquela relativa à reflexão sobre a vida e a materialidade na forma de conhecimento.

O pecado original que condenou parte da humanidade a viver com o suor de seu próprio rosto é, ao mesmo tempo, a bênção para aqueles que vivem do suor de quem trabalha. A divisão intelectual/manual do trabalho é um dos momentos essenciais desta cisão, levando à apropriação do conhecimento, assim como se apropriam os meios necessários à produção e à reprodução social da vida.

Estes jovens chegam à universidade como a um lugar que não lhes pertence. Seu papel social é outro: trabalhar. Não são "bem nascidos" para o saber, para o conhecimento, para a arte do pensar e refletir a vida, para desvendar suas determinações, para a ciência. O velho Aristóteles (1998, p. 10) em seu túmulo de ruínas esclarecerá: "existem dois tipos de instrumentos, uns animados e outros inanimados". O escravo é uma propriedade instrumental aninada, "[...] é uma posse e um instrumento para agir separadamente e sob as ordens de seu senhor" (idem, p. 11). Para que alguns possam fruir de uma vida plena, ou seja, verdadeiramente humana, é necessário que outros se incubam das tarefas da produção material da vida, aquilo que os gregos denominavam da esfera do *óikos* (relativo à casa, ao cotidiano) destinada às mulheres e aos escravos.

Em um assentamento no Ceará, à beira da praia, as famílias que vivem da pesca, do artesanato e da agricultura ouviram atentamente o empresário de um empreendimento turístico que os expulsaria dali afirmar que isto representaria um avanço, uma vez que tal empreendimento geraria muitos empregos para lavadores de pratos, faxineiras, porteiros e outras funções assalariadas. É de certa forma uma ofensa à lógica societária de nossa época que uma comunidade humana possa viver de seus próprios meios de produção, produzir socialmente sua existência e usufruir coletivamente de seu produto social. Ainda mais sério, conquistaram o direito a uma escola e exigem discutir seus programas e sua linha pedagógica:[1] é o fim da civilização como conhecemos!

A expropriação que cria e recria constantemente uma classe de trabalhadores livres para o capital se articula com a apropriação do conhecimento, numa unidade essencial para garantir as condições que perpetuam uma forma particular de dominação. Na própria gênese da

---

1. Trabalho defendido no curso de Teoria Social e Produção do Conhecimento junto aos movimentos sociais na Escola de Serviço Social da UFRJ, julho de 2011.

divisão do trabalho, encontramos esta unidade. Dizia Marx e Engels (2007, p. 35):

> A divisão do trabalho só se torna realmente divisão a partir do momento em que surge a divisão entre trabalho material e [trabalho] espiritual [primeiras formas dos ideólogos e sacerdotes]. A partir desse momento, a consciência pode realmente imaginar ser outra coisa diferente da consciência da práxis existente, representar algo realmente sem representar algo real — a partir de então, a consciência está em condições de emancipar-se do mundo e lançar-se à construção da teoria, da teologia, da filosofia, da moral etc., puras.

Nossos meninos e meninas dos espaços populares são "impurezas" no templo puro do saber. Corpos e mãos feitos para o trabalho. Nos espaços onde se revelam os segredos da terra, os mistérios da fertilidade, as determinações mais profundas que se escondem nos elementos químicos de nosso planeta, não há espaço para as mãos que trabalham a terra; nos grandes tanques e laboratórios onde se desvendam os mistérios do mar e seu subsolo, lançam-se as bases daquilo onde outros homens terão que trabalhar e viver por meses sobre o poder das ondas e do tempo, para extrair o líquido negro que circulará nas veias do corpo industrial de nossa sociedade. O produto, entretanto, esconde o processo. O ato da "produção" do conhecimento no tempo universitário é elemento de uma ilusão ideológica. Ele é um momento, sem dúvida um importante momento, de um longo processo que só pode ser compreendido à luz da totalidade da práxis humana.

São os seres humanos que produzem socialmente sua existência entrando em relação com a natureza, modificando-a. Produzem a base real sobre a qual é possível o momento da teorização que só tem sentido na volta à materialidade, como parte da síntese que se expressa em certo patamar das forças produtivas, seja diretamente como tecnologia, seja como outro campo específico do saber que procura compreender as relações entre os seres humanos, dentro do qual se dá a produção da vida e as diferentes maneiras como buscamos compreender o mundo e a nós mesmos, expressando o que apreendemos da vida em formas científicas, filosóficas, estéticas e outras.

Não se trata, portanto, de uma mera divisão de trabalho, uns fazem alguma coisa enquanto outros se ocupam com outras, mas uma divisão hierárquica de trabalho cortada por relações de poder: uns estudam, planejam, teorizam aquilo que outros devem executar sem compreender.

Esta cisão não permanece externa à consciência dos seres sociais, o que implicaria na mera imposição coercitiva, ela se interioriza e passa a fazer parte da própria consciência dos dominados, justificando e naturalizando a ordem existente. Como nos diz Marx ([19--], p. 854): "Ao progredir a produção capitalista, desenvolve-se uma classe trabalhadora que por educação, tradição e costume aceita as exigências daquele modo de produção como leis naturais evidentes".

Esta interiorização subjetiva da objetividade faz com que a própria concepção de mundo expressa na consciência imediata dos seres sociais de nossa época, aceite como natural e inevitável a forma societária em que vivem (Iasi, 2007), na formação de um senso comum constituído pela assimilação acrítica e desordenada da realidade imediata e das relações que a constitui (Gramsci, 1999, p. 94). Desta maneira, nossos jovens oriundos dos espaços populares chegam ao espaço universitário interiorizando a subalternidade que lhes é imposta por uma divisão social do trabalho, histórica e socialmente determinada, como um atributo inato de seu ser, como um problema seu.

Sua autoimagem é determinada por esta subalternidade, e a idealização do espaço acadêmico vem acompanhada de uma desvalorização de si mesmo e de sua inserção no mundo. O ensino superior é o meio para se livrar de sua condição, "subir na vida", passar para o andar de cima, mudar sua posição na divisão social do trabalho, e as armas desta batalha são o seu próprio esforço individual e suas capacidades e talentos. Em seu relato literário, Jack London nos dá um excelente registro desse momento da consciência da classe trabalhadora, logo após afirmar que o lugar no qual os trabalhadores viviam, "nos fundos", onde a vida não oferecia nada além de "sordidez e miséria", ele nos diz o que esperava naquele momento:

> Por aqui corpo e espírito andavam famintos e atormentados (...) Acima de mim se erguia o imenso edifício da sociedade e, em minha mente, a única saída era para cima. Logo, resolvi subir. Lá em cima, os homens vestiam ternos pretos e camisas engomadas e as mulheres usavam vestidos lindos. Havia também coisas boas para comer e muita fartura. Depois havia as coisas do espírito. Acima de mim, eu sabia, havia despojamento do espírito, pensamentos puros e nobres e uma vida intelectual intensa. (...) Em resumo, assim como eu aceitava o nascer do sol, aceitava que acima de mim estava tudo o que era fino, nobre e belo, tudo que dá decência e dignidade à vida, tudo que faz a vida valer a pena e recompensa um homem por seu sofrimento e esforço (...) Mas não é muito fácil para um homem ascender e sair da classe trabalhadora (London, 2001, p. 17-18).

Em um primeiro momento, os filhos da classe trabalhadora pensam em "subir na vida" com os recursos de que dispõem, ou seja, pelo próprio trabalho, caminho aliás escolhido por Jack London[2]. Mas existe uma sedução evidente no caminho da educação que se torna funcional à reprodução ideológica. Ao aceitar que o acesso à educação e daí ao nível de instrução e titulação permite a alteração da posição na divisão social do trabalho, aceita-se que é a sua ausência que define a desigualdade de condições e bem-estar que marcam nossa sociedade. Em última instância, desigualdade que pode ser superada pela "iniciativa" e "esforço" individual daqueles que não estão bem localizados na divisão hierárquica do trabalho.

---

2. "A dignidade do trabalho era para mim a coisa mais impressionante do mundo. Sem ter lido Carlyle ou Kipling, formulei um evangelho do trabalho que varria o deles 'no chinelo'. O trabalho era duro, era asantificação ou a salvação" (London, op. cit., p. 31). London iria negar em seguida esta opção afirmando peremptoriamente: "Não vou nunca mais trabalhar como trabalhei e que Deus me fulmine se um dia eu der de mim mais do que meu corpo pode dar. E desde então tenho me dedicado a fugir do trabalho" (idem, p. 32).

Desta maneira, funcionalmente, uma desigualdade pode deixar de ser um fator de tensão na divisão do trabalho para tornar-se um fator de legitimidade. Esse mecanismo foi notado por Durkheim ao verificar uma certa divisão do trabalho "mórbida", ou seja, na qual os trabalhadores "[...] não querem na verdade a condição que lhes é imposta, só a aceitando, com frequência, obrigadas e forçadas, por não terem meios para conseguir outra" (Durkheim, 1995, p. 370). Em situações-limite, segundo o sociólogo estruturo-funcionalista, isso poderia levar a uma anomia e à "guerra de classes". Antes de analisarmos a solução proposta por Durkheim, devemos lembrar que ele aceita que a divisão do trabalho seja composta por funções de maior ou menor potencial, até mesmo degradantes, uma vez que acredita que a natureza teria oferecido pessoas adequadas a tais tarefas. O problema seria, ainda segundo o autor, o fato de uma pessoa com um potencial maior se ver obrigada a ocupar uma posição inferior.

Diante disso afirma Durkheim (idem, p. 391-392):

> Não estando satisfeitas, ou não mais o estando, com o papel que o costume e a lei lhes atribuem, as classes inferiores aspiram às funções que lhes são vedadas e delas procuram despojar os que as exercem [...]. Se não se os levam em conta (os gostos e as aptidões), se são incessantemente contrariados por nossas ocupações cotidianas, sofremos e procuramos um meio para pôr fim a nossos sofrimentos. Ora, não há outro meio, a não ser mudar a ordem estabelecida e refazer uma nova. Para que a divisão do trabalho produza a solidariedade, não basta, pois, que cada um tenha uma tarefa, é necessário, além disso, que esta tarefa lhe convenha.

Uma vez que ele considera que a base desta desigualdade está na natureza desigual das aptidões e talentos dos indivíduos, a maneira de evitar a guerra de classes, que levaria à meta de "mudar a ordem estabelecida", seria a "[...] igualdade nas condições exteriores da luta" (idem, p. 397). O termo "exterior" aqui quer indicar que não se espera pensar essa igualdade nas condições materiais que a determina, ou seja, no que diz respeito às formas de propriedade e acúmulo de riqueza, mas nas condições dos indivíduos para enfrentar a disputa por propriedades e riqueza. Uma vez que são oferecidas as mesmas condições, legitimam-se os resultados desiguais da disputa econômica. Desta forma, um indivíduo aceitaria a posição desvantajosa em que se encontra, desde que fosse lhe dada, real ou simbolicamente, a possibilidade de superar tal condição pelo seu esforço pessoal, gerando solidariedade. Como completa o mesmo autor, "[...] o papel da solidariedade não é suprimir a concorrência, mas moderá-la" (idem, p. 382).

Esse pano de fundo ideológico nos ajuda a compreender alguns dos fenômenos que presenciamos. Por um lado, é evidente o elemento destacado nos relatos de nossos jovens de origem popular, que ressaltam o "esforço", a "superação", a "conquista" etc. (Anacleto, et al., 2006), por outro lado, uma busca de encontrar um ponto de acomodação, de aceitação, no espaço que "conquistam", isto é, uma dinâmica de tornar-se como "eles" para ser aceito. Partimos da hipótese segundo a qual este fenômeno é revelador de uma certa identidade, de um certo pertencimento.

A consciência imediata, própria das condições de pertencimento da classe trabalhadora, é a consciência de indivíduos serializados na disputa própria das condições de concorrência (Sartre, 1979; Iasi, 2006). Uma certa aproximação mecânica costuma associar consciência de classe à situação de classe, o que não corresponde à dinâmica dos fatos. A consciência de classe é uma possibilidade histórica que está ligada à dinâmica da luta de classes e a constituição da classe como classe, portanto, não pode ser reduzida àquilo que os trabalhadores tomados isoladamente, e mesmo em seu conjunto, pensam, sentem e representam para si como seus objetivos imediatos e históricos (Marx; Engels, 1967, p. 59; Lukács, 1974, p. 64-65).

Como compreendemos a consciência de classe como um movimento (Iasi, 2006, 2007), ela se expressa desde a consciência moldada pelas relações societárias próprias da ordem do capital, que conforma o ser social como indivíduos serializados, e se expressa em um senso comum, passando pelas contradições com a ordem do capital e os diferentes momentos de fusão grupal e de classe, que podem levar à constituição da classe trabalhadora como classe em si e, em certas condições, como um sujeito histórico capaz de um projeto societário contra e para além da ordem do capital, como classe para si. Isso nos leva a afirmar que não nos espanta que a consciência imediata dos jovens trabalhadores e trabalhadoras que entram na Universidade expresse os valores da ordem burguesa e de sua particular forma de consciência social.

Marx e Engels (2007, p. 62) já nos afirmavam que "[...] a concorrência isola os indivíduos uns dos outros, não apenas os burgueses, mas ainda mais os proletários, apesar de agregá-los". A expressão desta substância no campo fenomênico da entrada na Universidade é a de uma concorrência pelo sucesso na formação acadêmica e profissional que depende dos esforços individuais daqueles que ingressam neste campo de luta, mas aqui como na matriz na concorrência no mercado, as condições com que cada indivíduo entra na concorrência está longe de ser pautada pela igualdade.

As condições e recursos para enfrentar a vida acadêmica são distribuídos de forma muito desigual, e parte delas é produzida fora e antes do ingresso na vida universitária. Entre elas, podemos destacar a formação escolar, o acesso à leitura, a necessidade ou não de ingressar no mundo do trabalho, as condições de moradia, o universo cultural, que são fatores que preparam alguns para um bom desenvolvimento acadêmico, ou, por outro lado, tornam-se problemas de adaptação.

É evidente que existem dificuldades específicas e gerais para aqueles que ingressam na vida universitária. É verdade que as condições de moradia, de deslocamento para o estudo, ter que trabalhar, carências da formação escolar, pouco acesso à leitura e precariedade de acesso a bens culturais são manifestações específicas daqueles que são oriundos da classe trabalhadora, ainda que não necessariamente generalizáveis; no entanto, a passagem para a vida universitária é um momento de ruptura para todo mundo, isto é, há um certo salto abrupto na lógica educacional própria da formação que vem sendo vivenciada no ensino médio e a entrada na universidade marcada, entre outras coisas, por uma maior autonomia de estudo, densidade de temas e conteúdos, elementos próprios da especificidade do campo profissional escolhido, que destoam da forma geral pedagógica, assim como do modo de vida até então vivenciado.

É neste ponto que transparece uma perversidade adicional na condição do chamado aluno de origem popular. Ainda que sejam dificuldades gerais, o estigma da condição popular e a sua forma de identidade subalternizada levam o estudante nesta condição atribuir as dificuldades próprias do momento de entrada na Universidade, também, à sua condição. Da mesma forma que os trabalhadores, quando se chocam com uma contradição da ordem do capital, os níveis de exploração, a falta de emprego ou uma manifestação particular de opressão, costumam individualizar o problema como se fosse uma sina pessoal, na condição de entrada na Universidade as dificuldades de leitura e interpretação dos textos, o grau de abstração exigido, o exercitar de uma lógica conceitual nova são enfrentadas como dificuldades próprias e unicamente derivadas de seus limites de formação e condições de vida.

Psicologicamente se produz uma carga muito pesada, se pensarmos que os elementos aparentemente positivos ligados às expressões de "conquista", "superação" e outros atributos individualizantes se convertem em seu contrário, em uma autocobrança e uma sensação de impotência. O mecanismo ideológico que aqui opera na individualização do problema se expressa no mascaramento da situação histórica que é vivida como natural.

A passagem para a vida adulta em um processo de intensa individualização, marcada pela concorrência do mercado em uma sociedade capitalista, já traz em si um mecanismo de extrema perversidade em contraste com formas societárias mais comunitárias. Enquanto as formas de vida comunitárias, ou seja, aquelas marcadas ainda por uma baixa diferenciação na divisão social do trabalho, preparam os membros da comunidade para a vida adulta através de uma continuidade de tarefas, nas quais a produção social da existência e a educação estão associadas indissoluvelmente, a profunda divisão do trabalho e sua constante especialização passa a exigir um momento de formação especializado que acaba por se localizar em um hiato entre a infância e a vida adulta. Assim:

> À medida que as profissões do adulto se tornam mais e mais especializadas e complexas, os jovens de setores cada vez mais amplos da população passam por uma preparação indireta em instituições especiais deste ou daquele tipo, em vez da preparação direta que antes prevalecia. Aumenta a expectativa de vida adulta. O mesmo se dá com o tempo de preparação para a idade adulta. Pessoas biologicamente maduras continuam socialmente imaturas. Trata-se de rapazes e moças, adolescentes, jovens inexperientes ou seja lá que nome recebam — não mais crianças, mas ainda não homens e mulheres (Elias, 1994, p. 104).

Aquilo que aqui Norbert Elias vê pelas lentes do processo descreve, na verdade, de forma didática a inclusão desses jovens na concorrência por um posto no mercado de trabalho, o que exige a mediação de uma formação profissional e a certificação que lhe compete. Aquilo que ele denomina de "complexidade" levaria, ainda segundo o autor, a um descompasso entre os leques de possibilidades e as expectativas dos jovens em formação, o que remete ao fenômeno descrito por Durkheim anteriormente. Mas Elias vai além. Este período de formação especializada, vivido pelo jovem numa espécie de "faixa de experimentação", costuma não corresponder a uma solução de continuidade com aquilo que se espera dele na esfera de atuação adulta, o que leva o autor a concluir que:

> Não raro, a transição de uma esfera para outra é marcada por um corte notável na vida do indivíduo, que ele acolhe com maior ou menor dificuldade [...]. A faixa de experimentação que lhe é acessível não tem nenhuma relação com a uniformidade, a regularidade e o cerceamento

relativos da vida que, em muitos casos, está à espera do adulto. Na vida social desse grupo etário, é comum desenvolverem-se aptidões e interesses aos quais as funções adultas, dentro dessa estrutura, não dão margem alguma; são formas de comportamento e inclinações que os adultos têm que cercear ou reprimir (idem, p. 105).

Resumidamente, podemos afirmar que, segundo ainda Elias, o desenvolvimento histórico de nossa sociedade, ao complexificar as funções sociais pelo aprofundamento da divisão social do trabalho, prolongou a transição entre a vida infantil e o mundo adulto, criando um hiato no qual se desenvolvem aptidões e comportamentos que, de certa maneira, não são exigidos na vida adulta, pelo contrário, têm que ser cerceados e reprimidos. A exigência do processo de individuação, ou seja, da produção do indivíduo autocontrolado, "autoconfiante" e "autônomo", ao tornar-se mais longo, acaba por impor uma intensificação das exigências pelo autocontrole consciente e inconsciente. O mais cruel disso tudo é que, em se tratando de uma formação inserida na concorrência imposta pela sociedade de mercado, nada disso é garantia de que o desenvolvimento deste autocontrole e do sucesso no período de formação se expresse em uma boa colocação no mercado. Isso, conclui Elias, "[...] aumenta a probabilidade de a pessoa em questão não conseguir atingir um equilíbrio adequado entre as inclinações pessoais, o autocontrole e os deveres sociais" (idem, ibidem).

Como podemos ver, sucesso ou fracasso que são determinados por formas societárias e, portanto, históricas, são vivenciados e individualizados pelo jovem como uma sina pessoal e, no caso dos jovens de origem popular, absorvidos pelo estigma que faz com que a culpabilização se volte contra ele mesmo. Aqui se manifesta claramente o mecanismo da serialização. Para Sartre (1979, p. 12) a "[...] reunião inerte com a estrutura da serialidade é o tipo fundamental da sociedade", isto é, o fato de os indivíduos partilharem as mesmas condições de existência como um campo prático inerte que não pode ser alterado e cujo destino se segue como atributo individual que não liga aqueles que ali estão inseridos, como no exemplo de Sartre da fila de pessoas que esperam um ônibus, ouvem a mesma rádio, votam em uma eleição, ou, agregaríamos nós, entram em uma universidade.

Há, no entanto, aqui um corte de classe. Ainda que indivíduos vivam como coletivo serial o campo prático inerte da vida universitária como algo que é assim e não pode ser mudado, a trama dos acontecimentos como drama pessoal, os jovens oriundos dos espaços populares — o que equivale dizer da classe trabalhadora — só podem viver a serialidade com os elementos de sua situação e condição de classe. Necessitarão da assistência estudantil, terão que morar no alojamento, usarão o transporte público, dependerão dos sistemas de saúde públicos e precários, não poderão comprar seus livros no ritmo, quantidade e qualidade que os estudos exigem.

A primeira manifestação da luta serial é a vã tentativa de passar despercebidos, parecer como um "deles", daqueles seres que parecem ter nascido para este espaço específico, disfarçar-se imitando a maneira de vestir, de falar, a postura. Entretanto, sempre algo acaba por nos entregar, seja a cor da pele, a voz, a roupa, a hora de rachar a conta, aquela escapada para comer em um lugar mais barato.

Para passar para o "andar de cima", para ser como "eles", temos que deixar de ser como nós. Nossa identidade é um estigma, nosso pertencimento um problema. Aquilo que poderia ser fonte de identidade se torna motivo de desagregação e encapsulação individualizante.

É exatamente neste ponto que o Programa Conexões de Saberes na UFRJ[3] acabou por desempenhar um papel muito interessante. Procurando recepcionar os estudantes de origem popular, compreender suas dificuldades, propiciar-lhes um espaço comum de reflexão sobre sua condição e alternativas de intervenção no estudo e na formação, nas práticas de extensão e outras atividades, o programa acabou por produzir um efeito no processo de formação da consciência de seus participantes.

---

3. O Projeto Conexão dos Saberes: diálogo entre universidade e as comunidades populares foi organizado em 2005 na UFRJ em parceria com o MEC.

Como já afirmamos em outro trabalho:

> Em determinadas condições a vivência de uma contradição entre os antigos valores assumidos e a realidade das novas relações vividas pode gerar uma inicial superação da alienação. A precondição para essa passagem é o grupo. Quando uma pessoa vive uma injustiça solitariamente, tende à revolta, mas em certas circunstâncias pode ver em outras pessoas sua própria contradição (Iasi, 2007, p. 29).

Aquilo que era vivido como sina pessoal é socializado, existem outros e outras em situação semelhante, não se trata de um estigma, mas de uma condição comum. No entanto, a contribuição do Conexões não poderia se deter a este aspecto, uma vez que até este ponto estaríamos apenas na situação de compartilhar uma situação comum, de sofrer juntos, o que já é um bom passo, mas certamente insuficiente. A fusão grupal propiciada pelo projeto se converte em atividade que fornece os elementos para ir além da vivência e compreensão superficial da nova vida acadêmica. Através dos eixos coordenados pelas professoras Carmen Teresa Gabriel (FE/UFRJ) e Sabrina Moehleckhe (FE/UFRJ), refletia-se sobre a educação e a educação superior buscando as determinações que permitem compreender a Universidade, suas formas e seu desenvolvimento, os problemas de acesso e permanência próprios desta forma, assim como os desafios da extensão e sua meta de articular os conhecimentos próprios das esferas acadêmica e da comunidade na qual ela se inclui.

Um terceiro eixo que era coordenado pela professora Eblin Joseph Farage[4] dizia respeito aos espaços populares e que tinha, entre suas atribuições[5], o processo de formação política dos bolsistas. Acredito que o efeito sobre o processo de consciência dos participantes deve

---

4. A professora Eblin Farage, na época, era professora substituta da ESS da UFRJ e, hoje, é professora da UFF.

5. O eixo coordenado pela professora Farage ainda foi responsável pelo acompanhamento dos Cursinhos Pré-vestibular (CPVs), por exemplo no Caju, e pelas práticas comunitárias na Favela da Maré.

ser pensado como resultante dos trabalhos desenvolvidos nos três eixos, além das atividades que integravam estas iniciativas e algumas que iam mesmo além delas. No entanto, aqui me interessa a ação específica desenvolvida na chamada atividade de formação política.

Nas condições descritas, os alunos de origem popular no processo de fusão grupal passam a repensar sua entrada na Universidade e acabam por redefinir sua identidade pelo pertencimento ao grupo que se funda na condição da origem popular. No entanto, como foi afirmado, o mero pertencimento e o vínculo com a condição de origem poderiam se ater a um momento de resistência, de identidade reativa ("não somos eles"). A compreensão da Universidade e seu desenvolvimento, sua natureza e sua missão, localiza esta identidade reativa no conjunto das práticas que constituem o fazer universitário e seus desdobramentos estudados nos dois outros eixos.

A busca, no entanto, de compreender o espaço universitário em sua relação com a comunidade na qual ela se inclui exigia uma compreensão das formas societárias mais estruturais e estruturantes que estão no fundamento das formas educacionais vivenciadas. Metodologicamente, trata-se de ir das aparências à essência, mas ir além, ou seja, partir das essenciais mais aparentes até essenciais mais profundas (Lêenin, 1974; Lefebvre, 1995), isto é, não se trata apenas de como uma certa forma de acesso e problemas de permanência se manifestam, mas de uma certa forma do fazer pedagógico e institucional, próprio de uma determinada concepção de Universidade; e, por sua vez, não se trata apenas de uma certa forma universitária, mas sim de suas determinações históricas e sociais que articulam esta forma universitária a uma determinada forma societária, no caso a sociedade capitalista.

Isto não significa desprezar as formas de expressão, pelo contrário, compreendê-las como mediações essenciais do ser e suas determinações, no caso concreto de nossas reflexões, a maneira pela qual os conflitos de classe, próprios de uma determinada ordem se expressam na cotidianeidade da vida universitária.

Desta maneira, foram desenvolvidos junto aos bolsistas cursos de formação tais como "Como funciona a sociedade", "Comunicação e Expressão"[6] e outros, com o objetivo de refletir sobre os fundamentos das formas sociais hoje existentes e seus efeitos sobre a sociabilidade humana.

Quando Sartre (1979) reflete sobre o movimento de totalização que ocorre no processo grupal, descreve um momento, posterior à fusão grupal, que denomina de juramento. O processo de fusão se dá diante de uma ameaça que une o grupo; nos termos sartrianos, o grupo se forma quando uma impossibilidade é ela mesmo impossível[7]. A formação do grupo é uma negação da serialidade, no entanto, esta se apresenta constantemente como possibilidade que desagregaria o grupo, principalmente porque a motivação que levou à fusão do grupo tende a não se manter sempre na mesma intensidade. Um dos dispositivos que o grupo aciona no sentido de evitar sua dissolução em nova serialidade é o chamado "juramento" (idem, p. 84). Através dele, o grupo assume a forma de uma "reciprocidade mediada", ou seja, o projeto do grupo aparece como projeto que só pode ser realizado por meio da unidade do grupo, lutando constantemente contra o "[...] reaparecimento dos antagonismos individuais e da impotência serial" (idem, p. 95).

Neste sentido, um episódio marcante, ou nos termos de Sartre, "um acontecimento sintético", como, por exemplo, o choque ao entrar no mundo universitário, vindo dos espaços populares, produz a fusão, no caso catalisada pelo programa Conexões; no entanto, a formação política e o conjunto dos estudos e as ações, realizadas nos diferentes eixos que compõem o projeto, oferecem um ponto de unidade mais permanente contra o qual o grupo deve se opor. Não se trata de

---

6. Estes cursos de formação são derivados de um programa de Educação Popular desenvolvido pelo Núcleo de Educação Popular 13 de Maio (São Paulo), entidade na qual a professora Farage havia se formado como educadora.

7. "A transformação tem, pois, lugar, quando a impossibilidade é ela mesmo impossível, ou, se preferirem, quando um acontecimento sintético revela a impossibilidade de mudar como impossibilidade de viver" (Sartre, 1979, p. 396).

um acontecimento restrito ao grupo imediato e às condições de sua entrada, mas de uma forma universitária que guarda coerência com uma forma social e histórica que a determina. Assim, o "juramento" pode assumir a forma de compromisso político.

Somos sempre, como afirmava Gramsci, parte de um grupo, ainda que este fato não passe diretamente por nossa consciência. Por participar de uma certa concepção de mundo, pertencemos, diz Gramsci, sempre a um determinado grupo, aquele com que partilhamos nossa forma de pensar e de agir, sendo, desta maneira, sempre "conformistas de algum conformismo". No entanto, para o marxista italiano, o problema é o seguinte: "qual o tipo histórico de conformismo, de homens-massa do qual fazemos parte?" (Gramsci, 1999, p. 94). E completa:

> Quando a concepção de mundo não é crítica e coerente, mas ocasional e desagregada, pertencemos simultaneamente a uma multiplicidade de homens-massa, nossa própria personalidade é composta, de uma maneira bizarra: nela se encontram elementos dos homens das cavernas e princípios da ciência mais moderna, preconceitos de todas as fases históricas passadas estreitamente localistas e intuições de uma futura filosofia que será própria do ser humano mundialmente unificado (idem, ibidem).

Esta mescla bizarra é o produto de nossa inserção no mundo e o contato com os diferentes grupos particulares que compõem nossa existência cotidiana e a partir dos quais forjamos nossa visão de mundo pela interiorização das relações vividas como cargas afetivas, valores e formas de pensar e agir no mundo. Como Marx e Engels já nos alertavam "[...] a consciência é, naturalmente, antes de tudo a mera consciência do meio sensível mais imediato e consciência do vínculo limitado com as outras pessoas e coisas exteriores ao indivíduo que se torna consciente" (Marx; Engels, 2007, p. 35). Esta consciência inicial, ou nos termos gramscianos, este senso comum, conforma os indivíduos sociais no pertencimento à sociedade existente, fazem deles homens-massa de uma particular ordem societária.

O desvelar dos fundamentos desta ordem pelo trabalho de formação política permite um olhar crítico sobre este produto que se instala em nossas consciências e se nos apresenta como natural. Na sequência de seu raciocínio, Gramsci nos diz que:

> Criticar a própria concepção de mundo, portanto, significa torná-la unitária e coerente e elevá-la até o ponto atingido pelo pensamento mundial mais evoluído. Significa também, portanto, criticar toda a filosofia até hoje existente, na medida que ela deixou estratificações consolidadas na filosofia popular. O início da elaboração crítica é a consciência daquilo que é realmente, isto é, um "conhece-te a ti mesmo" como produto do processo histórico até hoje desenvolvido, que deixou em ti uma infinidade de traços acolhidos sem análise crítica. Deve-se fazer, inicialmente, esta análise (idem, ibidem).

Ora, nossos jovens de origem popular se chocam com a Universidade na contraditoriedade de um ser desta ordem que não parece encontrar lugar nela. Como homens-massa desta ordem societária têm que se esforçar como indivíduos para subir na vida, e a escada da formação universitária é um caminho clássico de ascensão. Como membro da classe trabalhadora percebe este espaço como não sendo seu espaço. Aquilo que ele percebe como uma contradição sua é, na verdade, uma contradição própria de seu ser de classe: uma classe **na** sociedade civil burguesa que não pode ser uma classe **da** sociedade civil burguesa[8]. É de esperar que, em sua consciência imediata, se mesclem os elementos de amoldamento e conformação à ordem da qual faz parte e àqueles que derivam das contradições próprias da vivência no interior de tal ordem.

---

8. Marx, ao se perguntar onde existe, na Alemanha, a possibilidade da emancipação humana, responde enigmaticamente afirmando que tal possibilidade existe em uma classe "na sociedade civil que não seja uma classe da sociedade civil (*bürgerliche Gesellschaft*)" (Marx, 2005, p. 155).

O momento da formação política funciona aqui como este "conhece-te a ti mesmo" como um produto de toda a história que nos produziu para sermos como somos. Fazer a "análise crítica", o que em outra tradução aparece como a necessidade de realizar um "inventário", ou seja, atribuir a cada ideia e valor que aparece em nossa consciência a marca de sua historicidade. Esse aspecto aparece claramente na disjuntiva apresentada por Gramsci ao descrever os elementos que compõem nosso senso comum. Diz Gramsci:

> É preferível "pensar" sem disto ter consciência crítica, de uma maneira desagregada e ocasional, isto é "participar" de uma concepção de mundo "imposta" mecanicamente pelo ambiente exterior [...], ou é preferível elaborar sua própria concepção de mundo de uma maneira consciente e crítica e, portanto, em ligação com este trabalho do cérebro, escolher a própria esfera de atividade, participar ativamente na produção da história do mundo, ser guia de se mesmo e não mais aceitar do exterior, passiva e servilmente, a marca da própria personalidade? (Gramsci, 1999, p. 93-94).

O que podemos afirmar neste momento de nossa reflexão é que o esforço de realizar esta análise crítica que localize os estudantes oriundos da classe trabalhadora que entram no espaço universitário nas formas societárias e sua historicidade produz um profundo impacto sobre a autoimagem e a consciência dos participantes.

O desvendar das determinações mais profundas de nossa forma particular de sociabilidade permite transitar do pertencimento imediato própria da condição de aluno de origem popular para a condição de classe, com todas as dimensões que daí derivam. A sociedade e suas expressões imediatas e cotidianas, como o trabalho, o local de moradia, a universidade e, mais particularmente, os cursos em que se inserem os alunos bolsistas do programa, se transformam de meros meios de suas trajetórias individuais e, desta maneira, esvaziadas de seu conteúdo mais substantivo, assumem a possibilidade de uma associação e uma práxis rica de novos significados. Nos termos sartrianos utilizados para compreender o processo grupal, a inicial superação do campo prático inerte, do real que se apresenta como impossibilidade de mudar, gera a possibilidade de estabelecer um "campo livre da práxis", que se expressa como impossibilidade de aceitar o que foi determinado como impossível.

Eis que a solidariedade deixa de ser uma frase vazia e se torna uma realidade que liga os seres por laços de identidade e pertencimento, vivificados pelo cimento ácido da crítica e do pensamento liberto de suas imposições conscientes e inconscientes.

Podemos ver seu impacto na própria ação do grupo no campo das atividades práticas. O trabalho de extensão sempre foi concebido como algo voltado para fora, ou seja, como momento de a Universidade buscar a relação com a sociedade que a circunda, da declaração explícita de culpa que revela que ela se apartou desta sociedade encapsulando-se em seu mundo autorreferenciado. Os alunos de origem popular na universidade trazem em si a possibilidade de não olhar o espaço comunitário como algo estranhado de seu ser, de um alvo de ações, mas como um espaço de demandas reais que exigem teorizações e intervenções, não como caridade distributiva de um conhecimento acumulado, mas como fonte real e legítima de demanda por conhecimento.

Outro elemento a ser destacado é o impacto que o encontro entre o mundo acadêmico e os alunos de origem popular provoca como manifestação do choque de universos culturais. Como a consciência é antes de mais nada linguagem (Marx; Engels, 2007, p. 34-35) e uma certa concepção de mundo se apresenta como uma determinada organização da língua, um encadear de significantes, ocorre um choque de linguagens, não apenas no sentido do estranhar do linguajar dito culto em contraste com a forma cotidiana, mas pelo manuseio de códigos culturais próprios do universo acadêmico universitário, permeados de uma linguagem particular.

Como afirma Gramsci (1999, p. 93), a linguagem é "[...] um conjunto de noções e conceitos bem determinados e não, simplesmente, de palavras gramaticalmente vazias de conteúdo", ou, como afirma Bakhtin (1986, p. 31), a palavra é um signo no qual se dá "[...] o confronto de interesses sociais nos limites de uma só e mesma comunidade semiótica", entendo a linguagem como uma "[...] arena onde se desenvolve a luta de classes" (idem, p. 46). Falar a mesma língua implica a utilização dos mesmos significantes, mas seu encadeamento remete ao desdobrar de outra cadeia de significados (Lacan, 1992; Zizeck, 1996).

Esse confronto produz algo aparentemente inexplicável para nossos jovens trabalhadores que entram na universidade. Sabemos ler, juntamos as letras e formamos palavras, ouvimos as aulas, mas não entendemos. O significado nos escapa diante do jorrar de uma fala que guarda mistérios insondáveis. Balançamos a cabeça em sinal de entendimento e, como todos fazem o mesmo, julgamos que somos nós apenas que não estamos entendendo. O resultado desta repressão do não entendido e sua volta como sintoma: não falar. O aluno de origem popular apresenta uma dificuldade de se expressar.

Mais uma vez aqui o mecanismo ideológico individualiza e naturaliza o fenômeno transformando em característica de personalidade, em timidez. Na verdade, estamos diante de um processo de intimidação e não de timidez (Scapi, [19--])[9], mas a culpabilização e a condição de subalternidade se volta contra nós mesmos e percebemos o problema como sendo nosso.

A intimidação age sobre nosso corpo, tensiona nossos músculos, reduz nossa respiração, consequentemente diminuiu a oxigenação e leva àquilo que, no senso comum, denominamos de "branco", aquele pensamento, aquele conteúdo, aquela informação foge de nosso

---

9. Neste ponto nos apoiamos nas reflexões desenvolvidas no Núcleo de Educação Popular 13 de Maio e que se organizaram em um curso de formação básica chamado Comunicação e Expressão, sob a responsabilidade de Luis Carlos Scapi.

cérebro e a boca abre inutilmente "sem palavras". Augusto dos Anjos pode nos dizer que:

> De onde ela vem?! De que matéria bruta
> Vem essa luz que sobre as nebulosas
> Cai de incógnitas criptas misteriosas
> Como as estalactites duma gruta?!
> Vem da psicogenética e alta luta
> Do feixe de moléculas nervosas,
> Que, em desintegrações maravilhosas,
> Delibera, e depois, quer e executa!
>
> Vem do encéfalo absconso que a constringe,
> Chega em seguida às cordas do laringe,
> Tísica, tênue, mínima, raquítica...
>
> Quebra a força centrípeta que a amarra,
>
> Mas, de repente, e quase morta, esbarra
> No molambo da língua paralítica![10]

O estranhamento do humano ao humano é tão completo que uma das mais elementares funções deste incrível ser, a linguagem articulada, aspecto diretamente ligado a seu processo de humanização, nos escapa. Falamos bem em nossos espaços, mas como que por mágica ou maldição não sabemos falar na universidade.

A atividade de formação desenvolvida pelo NEP 13 de Maio — o curso Comunicação Expressão — inicia por questionar as formas comuns de tratar o fenômeno, ou seja, atribuindo-o à timidez ou a algum tipo de dificuldade que encontra suas determinações nos indivíduos, para remeter o fenômeno para as formas societárias e seus efeitos sobre nossos corpos: a opressão se expressa em nossos corpos e os explorados são intimidados. Não se trata de técnicas de retórica, ou de "programação neurolinguística", ou outra parafernália

---

10. Poema "A ideia", de Augusto dos Anjos (*Poemas*. Rio de Janeiro: Paz e Terra, 2002).

técnica, mas do revelar dos sentidos sociais envolvidos no ato da fala e da comunicação e do silenciamento dos explorados. Os dominados precisam se manter em silêncio pois, como disse Renato Russo: "dissestes que se tua voz tivesse força igual à imensa dor que sentes, teu grito acordaria não só a minha casa, mas a vizinhança inteira". A vizinhança precisa dormir.

Remeter o fenômeno e suas determinações para as formas sociais e históricas constituídas, desenvolver a capacidade de ver no outro suas contradições e problemas, retirar o fenômeno de sua cápsula individual, relaxar, respirar e exercitar falar. É impressionante para quem vê a simplicidade do curso perceber seus resultados naquelas criaturinhas antes intimidadas, agora falantes, dando vazão à "imensa dor que sentem".

A formação não é um bálsamo milagroso, nem a alavanca arquimediana para mudar o mundo, mas consiste numa ferramenta importante que atua no movimento de grupalização que procura constituir um espaço livre da práxis que se pretende emancipadora.

O Projeto Conexão de Saberes representou um momento muito rico de um encontro dos mais complexos, que marca a instituição universitária e revela, além de nossas pretensões universalizantes e abstratas, de forma incômoda e dura, o quanto tratamos mal aqueles que chegam a esse espaço vindos dos espaços populares. A necessidade do encontro revela a distância e o apartamento, e seus resultados expressam o quanto estamos alienados de nossa alma, da verdadeira essência do saber e do conhecimento: a vida real que valorizamos como objeto de estudo para, depois, desprezá-la como dureza incômoda do real que deve permanecer oculto e invisível.

Quando proferiu uma palestra de agradecimento aos professores da Universidade de Las Villas, em Cuba, Ernesto Che Guevara afirmou que:

> Há que pintar a Universidade de negro, de mulato, de operário, de camponês; há que descer até o povo; há que se vibrar com o povo, isto

é, com todas as suas necessidades (...); compreendam que o estudo não é patrimônio de ninguém, pertence ao povo, e ao povo lhe darão ou o povo o tomará (Guevara, 1987, p. 90).

Podemos dizer que, com o Projeto Conexões de Saberes, iniciamos boas pinceladas, mas muito resta por fazer para que a fraternidade entre os seres humanos não se torne uma frase vazia, mas uma realidade, e a nobreza da humanidade possa, enfim, irradiar a partir das figuras endurecidas pelo trabalho.

Referências

ARISTÓTELES. *A política*. São Paulo: Martins Fontes, 1998.

ANACLETO, A. M. et al. *Caminhadas de universitários de origem popular*. Rio de Janeiro: UFRJ/Pró-reitoria de Extensão, 2006.

ANJOS, A. *Poemas*. Rio de Janeiro: Paz e Terra, 2002.

BAKTHIN, M. *Marxismo e filosofia da linguagem*. São Paulo: Hucitec, 1986.

DURKHEIM, E. *Da divisão do trabalho social*. São Paulo: Martins Fontes, 1995.

ELIAS. N. *A sociedade dos indivíduos*. Rio de Janeiro: Zahar, 1994.

GUEVARA, E. C. *Textos políticos e sociais*. São Paulo: Edições Populares, 1987.

GRAMSCI, A. *Cadernos do Cárcere*. Rio de Janeiro: Civilização Brasileira, 1999. v. 1.

IASI, M. L. *Ensaios sobre consciência e emancipação*. São Paulo: Expressão Popular, 2007.

IASI, M. L. *As metamorfoses da consciência de classe*. São Paulo: Expressão Popular, 2006.

LACAN, J. *Escritos*. São Paulo: Perspectiva, 1992.

LENIN. V. I. *Cuadernos filosóficos*. Madrid: Ayuso, 1974.

LEFEBVRE, H. *Lógica formal e Lógica dialética*. Rio de Janeiro: Civilização Brasileira, 1995.

LONDON. J. *Contos*. São Paulo: Expressão Popular, 2001.

LUKÁCS, G. *História e consciência de classe*. Lisboa: Escorpião, 1974.

MARX, K. *Manuscritos econômicos e filosóficos*. Lisboa: Edições 70, 1993.

MARX, K. *O capital*. Livro 1, v. 1 e v. 2. Rio de Janeiro: Civilização Brasileira, [19--].

MARX, K.; ENGELS, F. *A ideologia alemã*. São Paulo: Boitempo, 2007.

MARX, K.; ENGELS, F. *La sagrada familia*. México: Grijalbo, 1967.

SOUZA e SILVA, J.; BARBOSA, J. L. (org.) *Comunidades populares e universidade: olhares para o outro*. Rio de Janeiro: UFRJ/Pró-reitoria de Extensão, 2006.

SILVEIRA, M. L. (org.) *Educação Popular e leituras do mundo*. Rio de Janeiro: UFRJ/Pró-reitoria de Extensão, 2007.

SARTRE, J. P. *Crítica de la razón dialectica*. Buenos Aires: Losada, 1979. v. 2.

SCAPI, L. C. *Comunicação e expressão (roteiro)*. São Paulo: NEP 13 de Maio, [19--].

ZIZEK, S. *Um mapa da ideologia*. Rio de Janeiro: Contraponto, 1996.

Os intelectuais e a decadência ideológica*

> *"Seria possível dizer que todos os homens são intelectuais, mas nem todos os homens têm na sociedade a função de intelectuais."*
>
> Antônio Gramsci

Quando Gramsci afirma que todos são intelectuais, assim como em outro momento afirmou que todos nós somos filósofos, não está abolindo as distinções que se apresentam nas diversas funções específicas presentes na divisão do trabalho. Na sequência da frase que aqui nos serve de epígrafe, o comunista sardo nos diz que alguém pode eventualmente fritar um ovo ou costurar um paletó rasgado, sem que, com isso, se torne um cozinheiro ou um alfaiate.

Os seres humanos em seu fazer diário, no trabalho ou na vida cotidiana, só podem atuar combinando de diferentes formas as ações práticas e a capacidade intelectiva, o fazer e o pensar, assim como

---

* Publicado originalmente no blog da Boitempo em 14 set. 2020: https://blogdaboitempo.com.br/2020/09/14/os-intelectuais-e-a-decadencia-ideologica.

todos têm uma certa visão de si mesmos, dos outros e do mundo que orienta esse fazer numa certa direção. Uma visão de mundo que se materializa na linguagem, nas posturas, nas crenças e nos costumes. A grande questão para Gramsci é se aderimos conscientemente a uma determinada visão de mundo ou se somos levados por uma que nos é imposta como se fosse nossa.

O senso comum é formado por uma mistura bizarra de valores, representações e ideias que compõem nossa época. Estes nos chegam por meio dos grupos imediatos de inserção social na família, na escola, no trabalho, mas se originam nas relações sociais determinantes em cada período histórico. No senso comum, bizarro e ocasional, não se apresenta a necessidade de unidade e coerência, uma vez que respondemos aos desafios da vida com um arsenal de valores capturados aleatoriamente no tecido cotidiano da vida. O mesmo não vale para as visões de mundo. Sejam elas tradicionais ou orgânicas em relação às classes que compõem nossa sociedade, as visões de mundo aparecem necessariamente articuladas em um sistema de ideias, argumentos, premissas e conclusões que constituem determinada doutrina ou pensamento.

Os intelectuais operam como mediadores entre o terreno histórico das relações sociais e os sistemas de pensamento, conferindo assim ao primeiro uma forma ordenada. Por isso, o velho comunista sardo não acreditava que seríamos capazes de encarar o problema dos intelectuais com uma sociologia. Tratava-se, antes, de lançar mão daquilo que ele denominava de uma "história da cultura" (*Kulturgeschicht*), ou uma história da ciência política. O centro dessa opção encontra-se na recusa de atribuir mecanicamente um sistema de pensamento ou uma visão de mundo a um ou outro segmento social, assim como compreender os intelectuais como um segmento social específico que pode ser entendido de forma separada do desenvolvimento histórico geral e da luta de classes.

Através de ensaios deveríamos ir captando o desenvolvimento das formas de produção da vida e a maneira como se manifestam na consciência daqueles que nela se inserem. Desse modo, formações sociais agrárias tendem a desenvolver visões de mundo tradicionais e os intelectuais que lhes correspondem, ao passo que a industrialização levaria a concepções de mundo próprias dos interesses empresariais e proletários e intelectuais orgânicos dessas classes.

No senso comum, tudo isso encontra uma amálgama de concepções que vão desde preconceitos até elementos de uma visão mais avançada. Na prática dos intelectuais, essa mistura não pode ser aceita. Espera-se dos intelectuais que apresentem unidade e coerência, pressupostos articulados aos argumentos e conclusões.

Aceitando essas premissas gramscianas, ao olhar para nossa formação social e o papel de nossos intelectuais, nos vem um certo desconforto, tal como na consagrada análise de Roberto Schwarz sobre as "ideias fora do lugar". Parece evidente que, por aqui, os conservadores não são bem conservadores, os liberais adoram o Estado e os reformistas procuram evitar reformas — sem contar que temos também certos revolucionários que, paradoxalmente, evitam rupturas muito profundas.

Esse traço de nossa formação parece ter se acentuado nos tempos presentes. O que por si só já é uma constatação desconcertante, uma vez que o pensamento social brasileiro, quase sempre, procurou identificar essa inconsistência com um processo inacabado, lendo-a pelas lentes do atraso em relação às nações centrais e do subdesenvolvimento, de modo que a expectativa era que, com o desenvolvimento ou a modernização nacional, tal característica iria se diluindo.

O capitalismo dependente e a estrutura de classes que lhe é própria produziu uma formação social cindida por antagonismos inconciliáveis, uma classe dominante diminuta e parasitária, uma massa de explorados e expropriados forçados a sobreviver abaixo dos limites da reprodução. Se no campo político essa formação social tende à autocracia burguesa, como vaticinou Florestan Fernandes, na cultura isso se expressa em um inevitável elitismo de corte oligárquico.

Na sua tentativa de desenterrar as raízes do Brasil, Sérgio Buarque de Holanda trata da seguinte maneira os intelectuais:

> Mas há outros traços por onde nossa intelectualidade ainda revela sua missão nitidamente conservadora e senhorial. Um deles é a presunção,

ainda em nossos dias generalizada entre seus expoentes, de que o verdadeiro talento há de ser espontâneo, de nascença, como a verdadeira nobreza, pois os trabalhos e o estudo acurado podem conduzir ao saber, mas assemelham-se, por sua monotonia e reiteração, aos ofícios vis que degradam o homem (Holanda, 1994, p. 123).

Segundo essa premissa, que me parece ainda presente nos dias que seguiram aos tempos de Sérgio Buarque, não se poderia confundir o intelectual com aquele vil assalariado envolto em aulas, reuniões de departamento, corrigindo trabalhos, fazendo projetos, pesquisas e participando de bancas e seminários intermináveis. O intelectual, graças a uma espécie de dom de nascença, está refletindo sobre seu tempo e o mundo e produzindo espasmos de brilhantismo. Tal postura leva a um segundo traço indicado pelo nosso autor: o alheamento do mundo circundante.

O caráter transcendente e inutilitário, em suas palavras, do pensamento destes intelectuais teria a função de colocá-los "acima do comum dos mortais". Teríamos, como resultado:

Certo tipo de erudição sobretudo formal e exterior, onde os apelidos raros, os epítetos supostamente científicos, as citações em língua estranha se destinam a deslumbrar o leitor como se fossem uma coleção de pedras brilhantes e preciosas (Holanda, 1994, p. 123).

Por trás desta aparente sofisticação existiria o esforço de "[...] uma concepção de mundo que procura simplificar todas as coisas para colocá-las mais facilmente ao alcance de raciocínios preguiçosos". Um mundo ou um país complicado exigiria dedicação e trabalhoso processo mental que — ainda segundo o autor — difere muito da sedução de palavras que parecem resolver tudo, graças a uma virtude quase sobrenatural, de forma mágica.

O que parece incomodar uma certa intelectualidade conservadora que ainda procura preservar seu verniz de sofisticação, é que hoje essa sua função pode muito bem ser exercida por um conjunto de desqualificados e toscos representantes de um conservadorismo tacanho: Mainardis, Olavos, Constantinos *et caterva*. Nestes, os passes de mágica são simplórios e se aproximam mais do senso comum do que propriamente de uma produção intelectual, no entanto, podem ser muito eficientes no sentido de apresentar uma visão simplificada para mentes preguiçosas.

No entanto, o risco é acreditar que tudo se explica pela qualidade do material humano disponível, que nos levaria de Edmund Burke a Samuel P. Huntington, ou de Moreira Salles a Olavo de Carvalho. Não é por aí. Aqui me parece que a categoria de decadência ideológica, tal como apresentada por Marx e seguida por Lukács, pode nos ser útil.

Marx estava convencido de que existe um nexo entre as ideias dominantes e as relações sociais dominantes — ou, mais precisamente, as relações *que fazem de uma classe a classe dominante*. O movimento histórico, no entanto, caminha por contradições de forma que as relações sociais, dentro das quais as forças produtivas se desenvolveram, podem se converter em obstáculos. No momento em que isso ocorre, estabelece-se uma contradição e as ideias que antes correspondiam se tornam inautênticas, não correspondentes. Porém, afirmam Marx e Engels: "[...] quanto mais elas são desmentidas pela vida e quanto menos valem para a própria consciência, tanto mais resolutamente são afirmadas, tanto mais hipócrita, moralista e santa se torna a linguagem da sociedade normal em questão" (*A ideologia alemã*, p. 283-4) A consciência desta época, nas palavras dos autores, se torna assim uma "ilusão consciente" uma "hipocrisia proposital".

Lukács, seguindo estas pistas, ao tratar da reviravolta do pensamento burguês no sentido da apologética e da decadência, vai afirmar que se apresenta uma "evasão da realidade, com fuga no predomínio da ideologia 'pura'". Esta ideologia "pura" se caracterizaria por um profundo desprezo pelos fatos históricos, abandonando a inicial preocupação da burguesia revolucionária em compreender as "verdadeiras forças motrizes da sociedade", e colocando, em seu lugar, uma visão superficial, "deformada em sentido subjetivista e místico" (György Lukács, "Marx e o problema da decadência ideológica", *Marx e Engels como historiadores da literatura*, p. 99).

O que Sérgio Buarque de Holanda vê como uma das características de nosso país — um dos elementos de seu *caráter*, por assim dizer — à luz dessa aproximação teórica — pode ser compreendida, na verdade, como parte do processo maior de crise da ordem capitalista na qual o Brasil se inseria. Uma ideologia própria do modo de produção capitalista nascente tem que se apresentar como mediação de um capitalismo monopolista transitando para a forma imperialista e, o que é ainda mais grave, como legitimação de uma ordem do ponto de vista daqueles que são os alvos de seu desenvolvimento como área de saque e exploração.

No centro do sistema capitalista, o conservadorismo transita de uma reação aristocrática que se confronta com a ordem burguesa nascente, para uma reação burguesa diante da emergência do proletariado. Já no Brasil, temos uma oligarquia que se aburguesa e se alia à velha ordem colonial e escravista, contra a maioria da população em uma contrarrevolução preventiva e permanente, como afirmava Florestan. Por isso, a ideologia aqui tem que se apresentar já nos termos de uma decadência ideológica e não como uma visão de mundo correspondente; não como uma visão de mundo universalizante, mas como hipocrisia deliberada.

Voltando a *Raízes do Brasil*, o autor identifica essa contradição como uma tendência de os intelectuais se alimentarem de doutrinas e visões de mundo "[...] dos mais variados matizes e com o que sustentam, simultaneamente, as convicções mais díspares", bastando que elas se apresentem de forma vistosa, com "palavras bonitas ou argumentos sedutores".

A questão ainda mais desconcertante, porém, é se esse processo nos atinge e de que forma. Seria esta uma característica exclusiva da intelectualidade burguesa à qual estaríamos imunes? Creio que não.

Gramsci acreditava que o proletariado tinha grande dificuldade de formar um segmento de intelectuais de forma massiva. Para ele, isso só se daria depois da tomada do poder e no processo de construção de uma nova sociedade. Os intelectuais que aderem à luta revolucionária dos trabalhadores vêm, via de regra, de outros segmentos sociais — notadamente os setores médios. Podemos afirmar, correndo o risco inevitável de cometer generalizações indevidas, que nossos intelectuais tendem a parecer mais intelectuais tradicionais do que propriamente orgânicos, nos termos gramscianos. Isso não implica em nenhum desmerecimento às suas contribuições teóricas, que podem auxiliar de forma importante na compreensão das determinações de nossa formação social e em vários aspectos da vida da classe trabalhadora.

Algumas pessoas parecem acreditar que a organicidade de um intelectual se define de maneira temática, de forma que seriam intelectuais orgânicos aqueles que falam de temas como a classe trabalhadora, o movimento sindical, as disputas políticas ou as formas de resistência. Para Gramsci, no entanto, a organicidade reside no vínculo estabelecido com as classes e a luta de classes; reside na disposição de mudança revolucionária e nas tarefas organizativas, formativas, políticas e militares para tanto. Tais tarefas que, no campo da classe dominante, são realizadas pelo Estado e pelas instituições da sociedade civil burguesa e, no campo proletário, realizadas pelo partido. É por isso que os indivíduos que desenvolvem atividades intelectuais, com importantes contribuições, não constituem um intelectual orgânico, nos termos gramscianos.

Não nos estranha que, neste segmento, também presenciemos um certo alheamento à realidade, o encantamento com palavras estranhas e as rebuscadas elaborações pseudocientíficas que acabam, por vezes, resultando em uma explicação simples para mentes preguiçosas. Como dizia Brecht, como não considerar um embusteiro alguém que ensina aos famintos algo que não seja como acabar com a fome?

Referências

COUTINHO, C. N. *O leitor de Gramsci*. Rio de Janeiro: Civilização Brasileira, 2011.

HOLANDA, S. B. *Raízes do Brasil*. Rio de Janeiro: José Olympio, 1994.

LUKÁCS, G. *Marxismo e teoria da literatura*. São Paulo: Expressão Popular, 2010.

MARX, K.; ENGELS, F. *A ideologia alemã*. São Paulo: Boitempo, 2007.

Dois métodos e uma decisão: a poesia do futuro ou os fantasmas do passado?*

> *Já é tempo de renunciar à ideia de que esse manual tinha previsto todas as formas de desenvolvimento futuro da história mundial. Já é tempo de declarar aqueles que pensam desse modo como simples imbecis.*
>
> Vladimir Lênin,
> sobre o Manual de Kautsky, em janeiro de 1923.

Uma das principais diferenças entre as revoluções no geral e a revolução proletária é o papel representado pelos chamados fatores subjetivos, isto é, o papel dos seres humanos que conscientemente querem transformar o mundo.

Sabemos que toda revolução é a combinação de determinações objetivas e subjetivas. No entanto, no caso da revolução burguesa presenciamos um longo processo histórico, no qual as condições de seu domínio econômico antecederam os movimentos políticos que a levaram ao poder. Já no caso da revolução proletária, ainda que a

---

* Publicado originalmente no blog da Boitempo, em 05/02/2020: https://blogdaboitempo.com.br/2020/02/05/dois-métodos-e-uma-decisao-a-poesia-do-futuro-ou-os-fantasmas-do-passado.

materialidade aponte para a base sobre a qual será possível desenvolver novas relações sociais, vemos uma dura e persistente luta em condições materiais nas quais os trabalhadores não podem exercer ainda sua predominância econômica, uma vez que isso exige mudanças significativas nas formas de propriedade e nas relações sociais, o que, por sua vez, pressupõe a derrota política da atual classe dominante.

Isso implica uma dimensão muito mais acentuada do fator consciente, e um verdadeiro problema para quem quer mudar o mundo. Marx intui esse fato de forma bem precisa em seu *O 18 de brumário de Luís Bonaparte*, quando afirma que a revolução proletária não pode tirar sua poesia a não ser do futuro. Nas suas palavras: "[...] ela não pode começar a dedicar-se a si mesma antes de ter despido toda a superstição que a prende ao passado (Marx [19--], p. 28).

Ocorre que os seres humanos enfrentam os problemas que se impõem com as armas e os meios dos quais dispõem no momento — não podem ir buscá-las no futuro, como dizia Brecht, sendo assim obrigados a comer a nova carne com velhos garfos. Quando nós, os velhos seres humanos da ordem do capital, travamos nossa luta contra essa ordem e buscamos construir o futuro, corremos o risco de recriar o passado em nova forma. Mas, como reconhecer o que é velho e deve ser superado e o que é novo em nossa construção do futuro?

Estamos convencidos de que essa tarefa exige um caminho e as ferramentas precisas, isto é, requer um método adequado que nos foi legado por Marx, Engels e aqueles que os seguiram nessa estrada. Não somos idealistas e, portanto, não acreditamos que um método filosófico pode mudar o mundo, mas alimentamos a certeza, duramente aprendida nos ensinamentos da história, de que sem um método adequado estamos condenados a cair em armadilhas do passado que se reapresenta.

Lênin, sem dúvida, foi um dos revolucionários em que as duas dimensões da ação revolucionária se encontram de maneira precisa, a clara compreensão tanto da teoria revolucionária como da dimensão prática e suas armadilhas. No entanto, diferentemente das visões mistificadas e ideológicas, Lênin não nasceu com essa capacidade teórico/prática, era, como todos, filho do seu tempo e o trazia marcado em sua subjetividade.

Ele mesmo nos descreve em seus estudos filosóficos o quanto o estudo da dialética hegeliana foi essencial para a compreensão precisa do método e as implicações práticas que pode gerar. Podemos medir o impacto da apreensão correta da dialética em Lênin em momentos marcantes como as "Teses de Abril", ou na afirmação, posterior à revolução, ao falar com jovens comunistas que o verdadeiro marxista deveria formar uma espécie de clube de amigos materialistas da dialética hegeliana.

Em outra passagem, de forma ainda mais incisiva, Lênin dizia que "[...] é impossível compreender completamente *O capital*, de Marx, sobretudo o capítulo 1, sem ter estudado a fundo e sem ter compreendido *toda* a *Lógica* de Hegel. Como consequência, meio século depois, nenhum marxista compreendeu Marx!" (*Cadernos filosóficos*, p. 191).

O que nos interessa diretamente aqui não é a exigência incontornável da dialética no método de conhecimento da realidade, mas sua implicação na ação política. Podemos ver esse fator de forma clara na polêmica sobre o Estado e a participação ou não no governo provisório, ou na definição do caráter desse governo, ou ainda na avaliação da política de alianças com os camponeses e na definição do momento da insurreição. Escolheremos como objeto de nossa reflexão aquilo que denominamos "método político" — isto é, Lênin como dirigente bolchevique no terreno duro e árido de momentos revolucionários decisivos, seja no caminho do poder, seja na construção do socialismo.

Uma leitura atenta de seus cadernos filosóficos permite compreender que Lênin via como um dos fundamentos mais essenciais à compreensão da dialética, a unidade e a identidade dos contrários. Como a contradição é o fundamento do próprio movimento, ela se apresenta como absoluta, mas é acompanhada de seu oposto, a unidade e identidade dos contrários (sempre relativa, temporária transitória etc.). O subjetivismo, o dogmatismo, a sofística e outras formas não dialéticas dela se distinguem segundo o autor, pelo fato de que, na dialética, a diferença entre o relativo e o absoluto é ela mesma relativa, isto é, no relativo há o absoluto e no absoluto há o relativo, enquanto para o subjetivismo só há o relativo, e para o dogmatismo só há o absoluto.

Quando observamos tal fundamento na prática política, vemos um dirigente que, ainda que extremamente duro e implacável na defesa de suas posições e na polêmica com seus adversários, compreendia as diferentes posições apresentadas como aspectos diversos da realidade que constituíam as forças em luta num jogo de contradições que encontrava sua unidade numa síntese que deveria apontar o caminho a seguir.

Assim, por exemplo, defende a necessidade de a insurreição proletária tomar o poder na janela de oportunidade que se abria depois das jornadas de junho, e nisso polemizava com Trótski, o qual apresentava a necessidade de fazê-lo com o apoio dos sovietes, que, naquele momento, insistiam na defesa do governo provisório. Podemos ver duas posições que se excluem mutuamente, ou ver, como Lênin, uma contradição e relações recíprocas entre elas.

A síntese não é uma mera combinação entre duas posições. A urgência da tomada do poder impõe a ação militar e sua dinâmica própria, e, portanto, a busca do apoio político dos sovietes tem que se dar no tempo da insurreição, mas deve ser buscada como uma condição importante para a consolidação da ação militar.

Em outro exemplo, podemos ver a intensa polêmica sobre a forma de gestão das fábricas, debate no qual se chocam as posições de Trótski, Kollontai e Lênin. Podemos entender a contraposição da militarização dos sindicatos à tese do controle operário defendida pela oposição operária, como um contraponto de duas posições antagônicas. A posição de Lênin, que implicava a defesa da gestão de um homem só (que a meu ver estava equivocada e traria efeitos muito negativos no seu desenvolvimento[1]), não é um mero acordo entre as duas posturas, mas a tentativa de uma síntese que implica os elementos essenciais apresentados, ainda que sempre há de predominar um aspecto sobre o outro (neste caso, a determinação do "controle operário" e não do "poder operário").

O importante a ser ressaltado naquilo que estamos chamando de método político é que, ao final da polêmica, os interlocutores

---

1. Ver, a este respeito, meu artigo "La Revolución rusa y los próximos cien años", em: *100 años de revoluciones y golpes* — Simposio Internacional, diciembre de 2017. Asunción: Germinal, 2018, p. 13-44.

continuam vivos, mais que isso, assumem tarefas no sentido dos aspectos que apontavam como necessários, como a busca do apoio político dos sovietes por Trótski e do fortalecimento das comissões de fábricas e dos sindicatos por Kollontai.

Agora imaginemos um método diferente. Imaginemos uma polêmica na qual um determinado dirigente não expõe suas posições, manobra e navega utilizando as contradições dos envolvidos, mais para desacreditá-los do que para apontar problemas em suas formulações, para, ao final, uma vez derrotados seus opositores, assumir na essência a proposta dos derrotados como se fosse sua. Um método que busca se cercar daqueles que pensam de forma igual, que elimina o dissidente, que se utiliza de aliados para depois descartá-los como inimigos, ainda que para tanto tenha que usar da manipulação, da falsificação e da mentira.

Um método que precisa esconder seus erros e falhas, transformando-os em geniais e heroicos desfechos, enquanto culpabiliza bodes expiatórios descartáveis. Para tanto, é essencial a mistificação, a personalização do líder infalível, do guia genial. O primeiro método político podemos ver claramente em Lênin, o segundo encontra em Stálin sua precisa personificação e, no stalinismo, todas as nefastas consequências teóricas e práticas.

Enquanto em Lênin encontramos a dialética viva em sua plena manifestação (o que não implica que não haja erros e desvios), em Stálin presenciamos uma negação expressa da dialética, uma positivação dogmática, a volta de esquemas, leis gerais e princípios imutáveis. Essa miséria teórica se expressa em várias formas. Destacamos aqui apenas duas: a separação esquemática e antidialética entre o chamado materialismo histórico e o dialético — na verdade uma forma de erradicar a filosofia do método (como apontaram corretamente Korch e Lukács) —, e a criação de uma verdade oficial e um parâmetro de julgamento do que seria o "verdadeiro marxismo" na forma do "marxismo-leninismo", que tem pouco ou nada a ver nem com Marx nem com Lênin.

No entanto, não se trata de mero desvio cognitivo derivado de uma adesão acrítica a um método desfigurado em seus fundamentos, uma vez que, concordando com José Paulo Netto, o chamado "marxismo-leninismo" se converte em uma ideologia. Nas palavras dele:

O resultado desse processo conduz a um marxismo teoricamente tão estreito e vulnerável quanto o da Segunda Internacional, mas socialmente mais degradado: agora, ele é objeto de uma lógica de deformações que, facilitada pela via burocrática-administrativa, transita francamente para o arbítrio e a falsificação (Netto, 2015, p. 44).

Uma ideologia, no sentido preciso de Marx, tem por elementos essenciais a ocultação, a inversão, a naturalização e a legitimação, de maneira a apresentar o interesse particular como se fosse geral. Nesse sentido, o stalinismo é uma ideologia que "convalida uma determinada estratégia política (de poder)".

Era necessário ocultar as contradições próprias da transição socialista atrás do biombo da inexorável marcha da história, produzir inversões de modo a afirmar que é o Estado que conduz a sociedade e não a sociedade que se expressa em formas políticas, assim como substituir a classe pelo partido, este pelo seu *bureau* político, depois por seu secretário-geral, o guia genial e infalível. Torna-se fundamental naturalizar todo o processo para legitimar a burocracia, e suas funções pretensamente essenciais à marcha da história, ainda que sobre os corpos daqueles que a construíram[2]. O sentido mais profundo dessas ocultações, inversões e legitimações é apresentar os interesses particulares da burocracia como se fossem os interesses gerais do proletariado.

Uma vez que rejeitamos as visões psicologizantes que procuram atribuir tal desvio unicamente à personalidade de sua principal personificação, ainda que tais características tenham contribuído para a adequação do personagem ao fenômeno, devemos nos perguntar sobre as determinações desta deformação.

Há um evidente parentesco entre as formas mais determinantes da sociedade tsarista e as formas políticas expressas no stalinismo (o culto à personalidade e à sua infalibilidade, a excessiva centralização e a

---

2. "Nas farsas judiciárias montadas, os "Processos de Moscou", foram condenados como traidores comunistas sinceros e abnegados como Zinoviev, Kamenev, Piatakov, Radek, Rakoviski, Bukharin e Ricov [...] Uma ilustração: 70% do Comitê central eleito no XVII Congresso, de janeiro-fevereiro de 1934, foram presos" (Netto, 1981, p. 42).

onipresente burocracia, o culto da superioridade russa, a proteção do líder mítico e o descarte dos bodes expiatórios, entre outros aspectos), da mesma forma as deformações positivadas que agora se expressam de forma mais insidiosa, já estavam presentes na Segunda Internacional (como o evolucionismo, o etapismo, o economicismo vulgar etc.). No entanto, todos esses aspectos estavam presentes também em Lênin e nos demais bolcheviques. Da mesma maneira, as condições materiais adversas nas quais a transição foi obrigada a se realizar joga papel decisivo na forma e no conteúdo das deformações verificadas.

Ocorre que, sobre essa materialidade, herdada do passado e que constitui o campo prático em que somos obrigados a atuar, os seres humanos agem orientados por sua consciência, constituída de valores, representações e ideias (entre elas a teoria que escolhem como sua), e essa representação ideal não apenas corresponde à materialidade da qual derivam, como também das contradições que indicam os caminhos possíveis do devir.

É nesse ponto em que uma visão dialética pode ser um diferencial importante, permitindo-nos ver, na contraditoriedade do real, os caminhos de sua superação, identificando as armadilhas de um passado reapresentado como se fosse o novo. O método político de Lênin, pleno de todas as contradições entre o velho e o novo, aponta para a poesia do futuro, ao passo que, enquanto método político, é a conjuração de um passado mal superado. Não se trata do passado tsarista, mas sim do passado em geral, das mazelas da pré-história da sociedade, da divisão antagônica da sociedade em interesses opostos de classe, do fetichismo e da alienação.

A vantagem de se abordar nessa perspectiva é que, assim compreendido, o stalinismo pode se desvencilhar de sua forma imediata e ser identificado, em sua substância, em manifestações insuspeitas de práticas políticas nefastas que infestam a luta de classes contemporânea, com seus novos cultos a personalidades, seus mitos de líderes infalíveis cercados de asseclas irresponsáveis, o apagamento e a falsificação histórica, a manipulação que visa destruir as pessoas e não debater suas ideias, as taras burocráticas que querem abolir a contraditoriedade do real a golpes de votação e formação de maiorias.

A decisão importante para nós que queremos mudar o mundo é o método que escolheremos com todas as dimensões práticas, políticas e éticas que tal decisão envolve. Não se trata, portanto, de reabilitar ou demonizar uma figura histórica, buscando infantilmente os lados bons ou obscuros do personagem, mas de uma autocrítica necessária e urgente que possa mudar nossa forma de ser no presente e na direção que construímos nosso futuro.

Nesse sentido, não há e não pode haver conciliação possível com o stalinismo, em suas velhas ou novas formas, que não escorregue inevitavelmente no pântano da justificativa e da legitimação de erros e crimes que não podem ser esquecidos.

Dizem haver uma polêmica sobre Alexandre, o Grande, se ele foi um civilizador que levou a cultura helênica para o mundo conhecido ou um bárbaro e brutal conquistador, implacável e sanguinário. Todos sabem, no entanto, que uma coisa é certa: todos aqueles que ele matou continuam mortos.

Referências

IASI, M. La revolución rusa y los próximos cien años. In: *100 años de golpes y revoluciones*. Actas del Simposio Internacional. Asunción: Germinal, 2017.

KOLLONTAI, A. *A Oposição Operária (1920-1921)*. São Paulo: Global, 1980.

LÊNIN. V. *Últimos escritos e diário das secretárias*. São Paulo: José Luis e Rosa Sundermann, 2012.

LÊNIN. V. *Cadernos sobre a Dialética de Hegel*. Rio de Janeiro: ed UFRJ, 2011.

MARX, K. O18 Brumário. In: *Obras escolhidas*. São Paulo: Alfa-Ômega, [19--]. v. I.

NETTO, J. P. *Capitalismo e reificação*. São Paulo: ICP, 2015.

NETTO, J. P. *O que é stalinismo*. São Paulo: Brasiliense, 1981.

Por que as massas caminham sob a direção de seus algozes?*

> "[...] o fascismo, na sua forma mais pura, é o somatório de todas as reações irracionais do caráter do homem médio."
>
> W. Reich

> "queriam que eu falasse do agora,
> mas o presente que procuro
> está preso em um passado
> que insiste em ser futuro."
>
> M. Iasi

O psicólogo marxista Wilhelm Reich (1897-1957) escreveu o livro *Psicologia de massas do fascismo* em 1933 (o estudo se estendeu de 1930 até 1933), no contexto da ascensão do nazismo na Alemanha. O autor se refugiou em Viena, depois em Copenhagen e Oslo, onde iniciou seus estudos sobre as couraças e depois do que denominou de "energia vital", levando-o à teoria do *"orgon"*. Desde 1926 acumulava

---

* Publicado originalmente no blog da Boitempo em 04/06/2018: https://blogdaboitempo.com.br/2018/06/04/a-psicologia-de-massas-do-fascismo-ontem-e-hoje-por-que-as-massas-caminham-sob-a-direcao-de-seus-algozes.

divergências com Freud, com o qual trabalhou como assistente clínico, e, em 1934, seria expulso da Sociedade Freudiana e da Associação Psicanalítica Internacional; sairia da Noruega em direção aos EUA, onde seria também perseguido com a acusação de "subversão". Acabou preso em 1957 e morreu no mesmo ano na prisão. Toda sua obra, incluindo livros e material de pesquisa, foram queimados por ordem judicial nos EUA em 1960.

Ainda que possamos questionar as teorias reichianas fundadas na teoria do *"orgon"* e a relação que esperava estabelecer entre "soma e psiquismo", temos que ter muito cuidado ao tratar as considerações que esse importante autor tece sobre o fascismo e o caráter das massas analisados na obra citada. Em vários aspectos, considero que as reflexões de Reich sobre o tema podem ser extremamente úteis em nossos tumultuados dias, principalmente pelas questões que levanta, mais do que pelas respostas que encontra.

O autor coloca da seguinte maneira o problema. Se assumirmos que a compreensão da sociedade realizada por Marx esteja correta — isto é, que o desenvolvimento da sociedade capitalista e suas contradições leva à possibilidade de sua superação revolucionária (o que implica a conformação do proletariado como um sujeito consciente de sua tarefa histórica) —, a questão que se coloca é como compreender o comportamento político de amplos setores da classe trabalhadora que, efetivamente, estão servindo de base para a reação política que emergia com o fascismo.

Chamar atenção aos efeitos da exploração capitalista, como a miséria, a fome e o conjunto das injustiças próprias do sistema capitalista para ativar o "ímpeto revolucionário", dizia Reich, já não era suficiente. Tampouco acusar o comportamento conservador das massas de "irracional", de constituir uma "psicose de massas" ou uma "histeria coletiva" — algo que em nada contribui para jogar luz sobre a raiz do problema, a saber, compreender a razão pela qual a classe trabalhadora respaldava o discurso fascista que, em última instância, atacava exatamente seus próprios interesses.

Na base dessa incompreensão se encontrava um sentimento de espanto. Os marxistas acreditavam que a crise econômica de 1923-1933 era de tal forma brutal que produziria "necessariamente uma orientação ideológica de esquerda nas massas por ela atingidas". Entretanto, o que se presenciou foi, nas palavras do autor, uma "clivagem entre a base econômica, que pendeu para a esquerda, e a ideologia de largas camadas da sociedade, que pendeu para a direita". O autor conclui com a constatação de que a "[...] situação econômica e a situação ideológica das massas não coincidem necessariamente" (Reich, 2001, p. 7).

Nesse ponto, Reich afirmará que — e a observação dele aqui me parece profundamente pertinente hoje — essa não correspondência não deveria surpreender aos marxistas, uma vez que o materialismo dialético de Marx não compreende a relação entre a situação econômica e a consciência de classe como sendo algo mecânico, ou seja, como se a situação material determinasse esquematicamente sua expressão ideal na consciência dos membros de uma classe social. Somente um "marxismo vulgar" concebe uma antítese na relação entre economia e ideologia, assim como entre a "estrutura" e a "superestrutura", uma perspectiva precária que não leva em conta o chamado "efeito de volta" da ideologia, isto é, as formas pelas quais a ideologia incide sobre a própria base material que a determina. Presa a essa visão esquemática e pouco dialética, resta a essa modalidade de marxismo vulgar apenas recorrer ao chamamento moral para que os trabalhadores correspondam em sua ação às condições objetivas em que se inserem, clamando pela "consciência revolucionária", às "necessidades das massas" ou ao "impulso natural" para as greves e a luta (p. 14). Melancolicamente, Reich conclui então que essa versão esquemática do marxismo:

> Tentará, por exemplo, explicar uma situação histórica com base na "psicose hitleriana" ou tentará consolar as massas, persuadindo-as a não perder a fé no marxismo, assegurando-lhes que, apesar de tudo, o processo avança, que a revolução não pode ser esmagada etc. O marxista comum acaba por descer ao ponto de incutir no povo uma coragem

ilusória, sem, no entanto, analisar objetivamente a situação sem compreender sequer o que se passou. *Jamais compreenderá que uma situação difícil nunca é desesperadora para a reação política ou que uma grave crise econômica tanto pode conduzir à barbárie como a liberdade social.* Em vez de deixar seus pensamentos e atos partirem da realidade, ele transporta essa realidade para a sua fantasia de modo que ela corresponda aos seus desejos (Reich, 2001, p. 14-5).

A miséria econômica causada pela crise atualiza a disjuntiva "socialismo ou barbárie", mas o que faria com que os trabalhadores optem pela alternativa socialista? Reich está convencido de que, em uma situação como essas, os trabalhadores escolhem em primeiro lugar a barbárie. O marxismo vulgar compreende a ideologia como um conjunto de ideias que se impõe à sociedade e, portanto, aos trabalhadores. Dessa maneira, os partidários desse tipo de perspectiva acreditam que as ideias marxistas ganham força na crise porque desmentem na prática as ideias conservadoras. O que foge à compreensão dessa análise é exatamente o modo de operação da ideologia, muito mais do que a definição escolástica do "que é" ideologia.

Assim, o psicólogo comunista fará a pergunta decisiva: se uma ideologia se transforma em força material quando se apodera das massas, como afirmava Marx, a pergunta é "como é possível que um fator ideológico produza resultado material", seja na direção de uma política revolucionária ou na direção de uma "psicologia de massas reacionária"? (p. 17).

Se compreendermos a ideologia na chave de ideias dominantes em uma sociedade — isto é, as ideias das classes dominantes que expressam as relações sociais que fazem de uma classe a classe dominante (Marx; Engels, p. 47) —, a pergunta se formula da seguinte maneira: "como é que relações sociais se convertem em expressões ideais, valores, juízos e representações interiorizadas pelas pessoas que constituem uma determinada sociedade?". A resposta é que isto se dá na vivência de instituições no interior das quais as pessoas formam seu próprio psiquismo, neste caso, fundamentalmente, na família.

É aqui que as relações sociais dadas são apresentadas pela pessoa em formação como "realidade", em que se desenvolve a transição do "princípio do prazer" para o "princípio da realidade" e se produz um complexo processo de identificação com aquele que representa o limite, a ordem e a norma social a ser imposta, mas, o que é essencial ao nosso tema, que é incorporada pela pessoa como se fosse sua (autocontrole) e não uma imposição oriunda de uma ordem social. O fundamento desse processo de interiorização, na formação daquilo que Freud denominou de "superego", está na repressão à sexualidade infantil, o seu recalque e a volta como sintoma nos termos de Reich (1977).

É mister lembrar neste momento que o resultado desse processo de interiorização das relações sociais na forma de valores e normas de comportamento implica na identidade com o agente da imposição das normas externas, no caso do complexo de Édipo descrito por Freud na formação de uma identidade com o pai.

Dessa maneira, Reich localizará a base de uma determinada expressão de uma psicologia de massas (a do fascismo) em dois pilares: uma certa forma de família tendo no centro a repressão à sexualidade infantil; e o caráter da "classe média baixa". Para ele, a repressão à satisfação das necessidades materiais difere da repressão aos impulsos sexuais pelo fato de que a primeira leva à revolta, enquanto a segunda impede a rebelião, uma vez que retira o recalque do domínio consciente, "fixando-o como defesa moral" e fazendo com que o próprio recalque do impulso seja inconsciente e visto pela pessoa como uma característica de seu caráter. O resultado disso, segundo Reich, "[...] é o conservadorismo, o medo à liberdade, em resumo, a mentalidade reacionária" (2001, p. 29).

Os setores médios não são os únicos a viverem esse processo (que é de fato universal para nossa sociedade), mas o vivem de maneira singular. Trata-se de uma classe ou segmento de classe espremido entre o antagonismo das classes fundamentais da sociabilidade burguesa (a burguesia e o proletariado), desenvolvendo o curioso senso de que estão acima das classes e representam a nação. Seus impulsos jogam os setores médios ora para a radicalidade proletária (a luta contra as barreiras da realidade que se levantam contra os impulsos), ora para o apelo à ordem da reação burguesa (a defesa das barreiras sociais impostas como garantia da sobrevivência). Como o indivíduo teme seus impulsos e clama por controle, os segmentos médios temem a quebra da ordem na qual se equilibram precariamente e pedem controle e repressão.

Não é acidente ou casualidade que no campo dos valores reacionários vejamos, alinhados à defesa abstrata da "nação", características como o "moralismo" quanto aos costumes (que vem inseparavelmente ligado a preconceitos, à homofobia etc.) e à defesa da "família", assim como o chamado "irracionalismo", a "violência", o mito da xenofobia e do racismo como constituintes da nação, e o clamor pela "ordem". A recente cena dantesca de "manifestantes" enrolados na bandeira do Brasil, de joelhos e mãos na cabeça, pedindo uma intervenção militar, é a imagem que condensa todos esses elementos. Por incrível que pareça, essa não é uma sociedade "doente", mas a sociedade "normal" exposta sem os filtros que rotineiramente a oculta.

Os argumentos de Reich estão longe de dar conta da totalidade do fenômeno do fascismo. Ainda que justificada, sua crítica aos marxistas oficiais (em 1931, Reich criou a Sexpol Verlag, que aglutina mais de 40 mil membros discutindo uma política sexual e suas relações com a luta revolucionária, o que causou preocupações no Partido Comunista austríaco e redundou na sua expulsão do partido em 1933), não pode dar conta de todos os elementos históricos, políticos, sociais e culturais do tema que foi abordado em inúmeras obras de competentes marxistas (de Gramsci a Adorno e Benjamin, passando por Togliatti, Poulantzas e tantos outros). Ele apenas aponta para um aspecto que normalmente é desconsiderado. O que nos parece pertinente é que o comportamento fascista não pode ser reduzido à manipulação e ao engodo, mas encontra profundas raízes na consciência imediata das massas e de seus fundamentos afetivos, seja nos segmentos médios, seja na classe trabalhadora.

O fascismo é, na sua essência, uma expressão política da crise do capitalismo em sua fase imperialista e na etapa do domínio dos monopólios, como define Leandro Konder (2009). Ele disfarça sob uma máscara modernizadora seu conteúdo conservador, sendo antiliberal, antissocialista, antioperário e, principalmente, antidemocrático. A dificuldade do fascismo reside exatamente em juntar esses dois aspectos contrários em sua síntese — isto é, uma intencionalidade a serviço do grande capital (imperialista, monopolista e financeiro), e uma base de massas que permita apresentar seu programa reacionário como alternativa para a "nação". Creio que o estudo de Reich nos dá aqui uma pista valiosa. A ideologia fascista conclama à revolta dos impulsos reprimidos (seja das necessidades materiais, seja aqueles relativos à repressão da sexualidade) e depois oferece a ordem como alternativa, dialogando assim diretamente com o fundamental da estrutura do caráter universalizado pela sociabilidade burguesa, principalmente das chamadas classes médias. É, portanto, uma política da pequena burguesia que mobiliza massas trabalhadoras para defender os interesses do grande capital monopolista. Acreditem, realizou-se esta façanha com eficiência e sucesso naquilo que conhecemos por nazifascismo.

Na luta contra o fascismo, a burguesia democrática é sempre a primeira derrotada, e junto a ela a pequena burguesia que acredita no seu próprio mito de um Estado acima dos interesses de classe. A única força social capaz de enfrentar o fascismo é a revolução proletária, por isso são os trabalhadores o alvo duplo do fascismo, seja no sentido da cooptação, seja na repressão brutal e direta. Quando a luta de classes se acirra e qualquer conciliação é impossível, a burguesia se inquieta, os segmentos médios entram em pânico e os fascistas vendem seu remédio amargo para a doença que ajudaram a criar. Se nesse momento os trabalhadores se movimentarem com autonomia em direção a seu projeto societário — o socialismo —, impelidos inicialmente pelos impulsos mais elementares e ainda não conscientes, eles podem colocar toda a sociedade em torno de sua luta e se constituir como alternativa à barbárie do capitalismo em crise. Se, por razões várias, esse segmento não se movimentar com a força necessária, uma longa noite de terror se impõe com seus cadáveres e cortejos fúnebres.

Ainda que tenham particularidades em seu processo de consciência, os trabalhadores não podem escapar ao fato de que são socializados nas instituições de uma ordem burguesa, portanto, que os valores, princípios, representações ideais desta ordem constituam o fundamento de sua consciência imediata. Diante do caos que emerge da crise do capital, vive uma contradição entre os impulsos materiais que os impulsionam à luta e à identidade com os opressores que os mantêm presos às correntes da ideologia. Na ausência de uma política revolucionária se somam às "classes médias" conclamando pela ordem e se prestam a ser a base de massas para as aventuras fascistas.

Toda a esperança da psicanálise é tornar possível que o inconsciente emerja, em parte, para que seja compreendido o sintoma. Guardadas as mediações necessárias, a luta de classes torna possível que as determinações ocultas pelos mecanismos da ordem se façam visíveis e que o sintoma se torne exposto. Tanto no primeiro como no segundo caso, isto não significa a resolução do sintoma, mas o início de uma longa luta para enfrentá-lo. O novo que pulsa vigoroso nas entranhas do cadáver moribundo do velho mundo não pode ser detido a não ser pela violência. Não pode se libertar sem quebrar violentamente a ordem que o aprisiona.

> *"Veintiuno veintiuno*
> *firmamento del dos mil*
> *en el cielo la paloma*
> *va en la mira del fusil."*
> Silvio Rodriguez

Referências

MARX, K.; ENGELS, F. *A ideologia alemã*. São Paulo: Boitempo, 2007.

KONDER, L. *Introdução ao fascismo*. São Paulo: Expressão Popular, 2009.

REICH, W. *Psicologia de massas do fascismo*. São Paulo: Martins Fontes, 2001.

REICH, W. *Materialismo dialético e psicanálise*. Lisboa: Presença/São Paulo: Martins Fontes, 1977.

O dilema de *O dilema das redes*: a internet é o ópio do povo

> *"O capital tem que ser crisálida por um tempo antes de poder voar como borboleta."*
>
> Karl Marx (*Grundrisse*, p. 453)

O dilema do documentário *O dilema das redes* (Jeff Orlowski, 2020) é muito comum em documentários deste tipo. Apresentam-nos uma série de dados, fatos e denúncias — todos muito preocupantes —, mas lhes faltam categorias de análise para compreender a questão que denunciam. Podemos ver tal problema em bons documentários, como *Uma verdade inconveniente* (dirigido por Davis Guggenheim e apresentado por Al Gore, 2006) ou mesmo no brasileiro *Democracia em vertigem* (dir. Petra Costa, 2019).

Antes de tudo, é preciso dizer que um bom documentário pode contribuir com uma denúncia ou registro histórico — e isso já é bastante importante. Portanto, não se trata de desmerecer a função ou a qualidade do filme. Nosso ponto é que ficamos com uma inevitável sensação de espanto: "nossa, vejam só o que tem por trás de nosso simples lanche nesta rede de *fastfood*", "nossa, estamos destruindo a natureza", ou, "quem diria, não sabia que, na Segunda Guerra Mundial, os comunistas foram decisivos para derrotar o nazismo", ou ainda, "puxa vida, comprei um conjunto completo de pesca e odeio pescar!". Um bom exemplo disso é o documentário *Sicko: SOS Saúde* (2008), do excelente Michael Moore, que, depois de expor um grande e preciso painel sobre os diferentes tipos de sistemas públicos de saúde, comparados à tragédia estadunidense, termina concluindo que os EUA são um exemplo de princípios para o mundo.

No caso particular de *O dilema das redes* ocorre o mesmo. É, sem dúvida, muito importante a denúncia vinda de empresários do setor, que lucraram muito criando as empresas digitais que monopolizam as redes, a revelação de seu funcionamento e a denúncia sobre os preocupantes efeitos sobre as pessoas e sua perniciosa influência em processos políticos. Uma espécie de crise de consciência bem-vinda e algumas informações muito relevantes. Mas o que nos chama a atenção é que os envolvidos, via de regra, parecem não entender exatamente no que estão envolvidos como protagonistas. E isso acaba desaguando na aparente ingenuidade das propostas para enfrentar o problema.

Podemos resumir esse horizonte das propostas em duas direções que, a meu ver, se aproximam na mesma incompreensão. A saber: submeter as grandes corporações digitais a algum tipo de controle ou boicotá-las e se retirar das redes.

Então, vamos lá. O primeiro aspecto a ressaltar é que a crise ética dos protagonistas é fundada na premissa de que acreditavam estar fazendo algo inovador e profundamente positivo, quando se viram envolvidos em interesses e direções profundamente manipulatórios. Aqui se reapresenta uma conhecida dimensão sobre o uso da tecnologia, que em si mesma seria neutra, podendo, portanto, ser usada igualmente para o bem ou para o mal. A operação desloca, assim, o problema para a dimensão ética. Todos estavam empenhados em desenvolver uma "ferramenta" (o termo é importante, como veremos) que seria capaz de integrar as pessoas — encontrar parentes e amigos distantes, transpor barreiras permitindo a manifestação de emoções ou preocupações por meio de mensagens, vídeos e outros meios etc. —, mas se viram enredados numa rede cuja finalidade era prender a atenção e servir de plataforma de *marketing*.

Uma das entrevistadas, Cath O'Neil (PhD em ciências da informação), resume os interesses da seguinte maneira: "algoritmos são opiniões embutidas em códigos" que buscam certo objetivo "por interesse comercial, normalmente é por lucro". Essa porém não é propriamente a surpresa dos envolvidos, uma vez que todos sabiam que se tratava de empresas que visavam lucro — sua consciência imediata simplesmente racionalizava de uma forma muito conhecida, a saber: "tudo bem que eles queiram lucros desde que alcancem fazendo algo bom para todos". É evidente que são empresas — portanto, não são exatamente "ferramentas" —, empresas que querem lucros e que os conseguem numa dimensão assombrosa. E é aqui que a discussão fica interessante: o que vendem, qual é o produto?

A resposta do documentário é simples: *nós*. De forma correta, o documentário afasta a resposta simples que o produto seja a venda dos dados capturados pelas plataformas digitais, ainda que este seja um subproduto possível. Ao que parece, contudo, as empresas funcionam, trocando em miúdos, prendendo a atenção do usuário para que, assim, através de algoritmos, possam mapear comportamentos e padrões que sirvam para dirigir a oferta de produtos com um grau alto de certeza de consumo. Um dos entrevistados resume exatamente assim: o produto vendido é *"certeza"*.

Aqui, também, não chegamos ainda no cerne da surpresa, nem no âmago do dilema ético. Todos ali eram protagonistas de empresas que, segundo imaginavam, prestavam um serviço relevante e inovador e que precisavam se financiar ou, nos termos de Tim Kendall (ex-executivo do Facebook), "monetizar" as atividades, como vimos, para ter lucros. O problema parece ser que, ao buscar esses objetivos, as redes passaram a fazer algo além do que simplesmente mapear comportamentos e perfis: passaram a ativamente interferir e induzir comportamentos numa determinada direção — daí a dimensão de manipulação e o dilema ético envolvido.

A primeira questão (que, como veremos, fica em grande medida sem resposta terminado o filme) é a seguinte: "por que prevaleceu a intenção da manipulação sobre as boas intenções de seus criadores?".

Digo *em grande medida*, pois, no fundo, há uma resposta. Para os criadores do documentário, os algoritmos, uma vez criados, passam a funcionar sem a interferência direta de seus criadores e executores, algo próximo da chamada inteligência artificial ou educação de máquina. Os entrevistados chegam a afirmar que a grande maioria dos envolvidos não têm ideia de como realmente funcionam os programas que eles instalam e desenvolvem.

Veja, para nós que nos servimos de categorias da crítica da economia política, não podemos deixar de olhar com certa condescendência para pessoas extremamente inteligentes e competentes em suas áreas que desconhecem por completo alguns elementos fundantes do mundo em que vivem. Precisaríamos começar pela afirmação de que estamos todos inseridos numa divisão sociotécnica do trabalho, uma divisão na qual prevalece a fragmentação de funções especializadas e a cooperação do trabalho, de forma que o produto total resulta da incidência de vários trabalhos particulares e que foge à compreensão dos sujeitos envolvidos. Isso para não falar em algo constitutivo do mundo das mercadorias, levado ao máximo sobre o capital, que é o fetichismo da mercadoria e sua inevitável correspondente na reificação.

O documentário assim nos comunica, em tons alarmantes de denúncia, que os seres humanos assumiram a forma de mercadorias, se coisificaram! Neste momento, um alemão barbudo, com cabelos desgrenhados, levanta os olhos em meados do século XIX de um manuscrito escrito com pena e tinta e diz: *"Du weißt nichts, unschuldig"* (mais ou menos: "sabe de nada, inocente").

Voltemos à constatação central: somos o produto, aprisionada nossa atenção através de métodos neurolinguísticos mais avançados, computados os dados por poderosos computadores e algoritmos sofisticados que resultam no mapeamento e na indução de perfis e comportamentos para dirigir com alto grau de certeza os produtos a serem anunciados.

O grau de tecnologia envolvido é assustador. Um dos dados apresentados pelo *product manager* da poderosa NVIDIA é que, de 1960 para cá, o poder de processamento aumentou em um trilhão de vezes. Podemos imaginar os custos envolvidos. Daí a questão central:

"quem paga?". Nós, os produtos, não pagamos pelo suposto serviço de aprisionar nossa atenção. As empresas ganham muito dinheiro, o Google teve um faturamento de 29,3 bilhões de dólares em 2010, e o Facebook cerca de 11,4 bilhões em 2018. Portanto, alguém pagou.

Há um sujeito oculto nessa trama. Mas, para trazê-lo à luz, temos que afastar inicialmente um ruído. Essas montanhas de lucro acumulados por estas empresas (Google, Facebook, Twitter, Instagram, YouTube, Tik Tok, Pinterest, LinkedIn etc.) não são gerados por elas. Aqui a categoria da crítica da economia política central é a de valor. Qualquer um que queira entender nosso mundo sem a categoria de valor se assemelha a um navegador que se aventurou em mares tenebrosos desprovido de uma bússola.

Por mais sofisticados que sejam os empreendimentos, por mais que os seus protagonistas, jovens que acumularam fortunas em tenra idade que somados todos nós juntos não acumularíamos no espaço de uma vida (notem um certo ressentimento de um funcionário público prestes a se aposentar), se mostrem espantados e desconcertados eticamente, as empresas citadas são uma manifestação moderna e inovadora de uma empresa publicitária — mais precisamente, uma empresa utilizada por empresas publicitárias para veicular anúncios. As empresas publicitárias costumavam ter departamentos inteiros de pesquisa que procuravam os famosos "nichos de mercado" e depois pensavam em veículos nos quais comunicar a mensagem do produto (jornal impresso, revista, rádio, *outdoor*, televisão etc.). Qualquer um do mundo da propaganda sabe que não adianta anunciar remédios contra a impotência no horário em que criancinhas estão assistindo a desenho animado ou brinquedinhos de encaixar para velhinhos assistindo à telenovela. O princípio é o mesmo: prender nossa atenção com desenhos, novelas, noticiários e empurrar mercadorias.

No velho mundo da propaganda também tinha manipulação, indução de comportamento, modelagem de valores, criação de necessidades e tudo o mais. Todas as reflexões sobre a indústria cultural da Escola de Frankfurt e a tese lukacsiana sobre a manipulação são anteriores ao *boom* dos computadores e das redes. Evidente que alcançamos uma dimensão maior, mas o princípio envolvido parece-me o mesmo.

Considerada por este ângulo, estamos falando da esfera da circulação, mais precisamente do problema da realização do valor. O capital é em sua totalidade "[...] unidade do processo de produção e do processo de circulação; o processo de produção torna-se mediador do processo de circulação e vice-versa" (Marx, 2014, p. 179). O capitalista começa comprando determinadas mercadorias (um ato de compra, circulação), organiza um processo de produção e termina vendendo uma nova mercadoria (novamente a circulação). O processo de valorização se dá no consumo da força de trabalho, que é a única mercadoria capaz de gerar mais valor que seu próprio valor, um valor a mais, mais-valor ou mais-valia. Todavia, esse mais-valor está preso inevitavelmente no corpo de uma mercadoria e precisa se reconverter à forma dinheiro, ou seja, *realizar-se*. É somente na circulação, na venda da mercadoria, que o mais-valor se realiza, ainda que só possa surgir com valor a mais no processo de produção. Quem vê as fortunas no setor se espanta, mas elas não surgiram ali, assim como as crianças aparecem no mundo nas maternidades, mas não foram geradas nelas.

Compreendendo desta maneira, a circulação não gera valor novo, ajuda a realizar a mais-valia gerada na esfera da produção e se apropria de parte dela. Os bilhões que aparecem na conta das empresas digitais derivam de um lucro comercial, mas não da produção de novo valor, são parte, portanto, do caráter parasitário do capitalismo plenamente desenvolvido. Isto não quer dizer, de forma nenhuma, que estas empresas não sejam necessárias à dinâmica do capital monopolista, pelo contrário.

Outro ponto essencial que escapa à compreensão dos jovens gênios da internet é o motivo de grandes monopólios industriais desviarem fortunas para estas empresas. Muito preocupados em definir um certo "capitalismo de vigilância", as pessoas talvez deviam se preocupar em entender primeiro o que é "capitalismo". Então, vamos lá.

O capitalismo altamente desenvolvido, portanto, concentrado e centralizado em grandes empresas monopólicas, tende a desenvolver cada vez mais a produtividade do trabalho e, portanto, alterar a proporção entre os fatores que compõem o capital, a chamada composição orgânica. Cada vez mais há um investimento em meios de produção, tecnologia e outros elementos do capital constante, proporcionalmente ao que é investido em capital variável, isto é, força de trabalho. Daí deriva uma tendência à queda nas taxas de lucro e que está na raiz das crises do capital.

Os capitalistas precisam realizar cada vez mais uma massa maior de lucro, com taxas de lucro cada vez menores. Daí que uma das contradições mais preocupantes do capital, em seu processo de valorização, é o tempo entre a produção e a realização do valor, o momento em que o capital se encontra na crisálida antes de voar novamente como capital dinheiro em busca de novo ciclo de valorização.

Neste momento delicado do processo, diz Marx (2011, p. 450): "[...] os artistas da circulação, que se imaginam capazes de fazer, por meio da velocidade da circulação, algo mais que reduzir os impedimentos postos pelo próprio capital à sua reprodução, estão num beco sem saída".

O ritmo e o volume da produção dependem do desenvolvimento tecnológico e da potencialização do trabalho, mas o tempo da realização depende de outros fatores, como a capacidade de consumo da sociedade, fatores como renda, logística de distribuição, concorrência, hábitos, quem é o imbecil que se encontra na presidência etc. Desde sempre o capital buscou controlar a esfera da realização, daí o desenvolvimento do segmento publicitário, entre outros. A primeira empresa publicitária surgiu em 1841, em Boston, criada por Volney Palmer que cobrava módicos 25% para anunciar os produtos (informação que encontrei graças ao Google).

Ocorre que o capitalismo plenamente desenvolvido tornou esta batalha pela realização algo mais complexo e gigantesco. Os monopólios estão dispostos a desembolsar fortunas, contratos que chegam a cifras de bilhões de dólares, para manter a massa de lucro em níveis aceitáveis.

A verdadeira dimensão ética do processo, um pouco distinta da crise de consciência de empresários *nerds*, é que o capitalismo subordinou toda a humanidade e o planeta ao processo de valorização e, para mantê-lo, está disposto a manipular comportamentos e hábitos, explorar brutalmente populações inteiras, principalmente crianças e mulheres, dilapidar os recursos naturais, colocando em risco o planeta e a vida humana, impondo milhares de quinquilharias que satisfazem duvidosamente certas necessidades em grande parte criadas, além de continuar derrubando governos e fraudando eleições. O dilema particular das redes é apenas, neste cenário maior, um coadjuvante importante, mas está longe de ser o personagem principal da trama.

Daí a aparente ingenuidade das soluções propostas. A tentativa de controle, via regulamentações e marcos jurídicos, é a vã ilusão de regularizar o processo de valorização por parâmetros éticos. Lembremos aqui a perfeita formulação de Mészáros que define tais ilusões como a tentativa de controle de um sociometabolismo incontrolável. O capital sobreacumulado, do alto de uma capacidade monumental de produção em massa, exige meios de realização à altura desta dimensão. Se isso envolver manipulação em massa, não há problema. O capitalismo é muito bom, mas podíamos ter evitado a escravidão, sei lá, talvez com regulamentações mais severas. Já antecipo o debate sobre o limite da manipulação, como induzir as compras de novo modelo de *smartphone* sem ferir a liberdade de escolha de quem prefere pombos-correio, além do sagrado direito de ir e vir do *shopping center* ou do *pet shop*.

O grande incômodo dos protagonistas entrevistados é a manipulação. Então, imaginam salvar a parte do negócio e dos "benefícios" para os usuários e regular o risco da manipulação que pode ameaçar a sociedade democrática e o mundo livre. Tanto o negócio, como os usuários precisam de um mundo fundado em indivíduos livres. O capital também. A ideologia é tão descarada que os realizadores não podem sequer atribuir à manipulação uma evidente adesão no espectro político. A manipulação, as *fake news*, o desvirtuamento de comportamentos políticos e a radicalização não são ligados à extrema direita, mas ao "extremo centro". Seria cômico se não fosse trágico. O documentário, do ponto de vista político, é o real "extremismo de centro".

Como alternativa, resta o boicote, sair das redes, como professa o simpático *nerd* rastafári, Jaron Lanier. Esta é uma ilusão recorrente e típica de segmentos médios. Apesar de aparentemente radical, ela é a aceitação de uma premissa falsa, qual seja, que o consumidor é o centro e o principal sujeito do ato econômico. Se entendemos que o problema reside na forma capitalista da mercadoria, consequentemente da alienação do trabalho elevado ao máximo, da subsunção da vida ao processo de valorização do valor, teríamos que boicotar não apenas as redes, mas os supermercados, a televisão, nossas roupas, alimentos, porque tudo, absolutamente tudo, foi capturado pela mercadoria e pela lógica do capital. O capital e suas mercadorias precisam das necessidades humanas para parasitar em seus constantes ciclos de valorização. Marx constatou isso de forma peremptória ao afirmar que não há valor de troca sem valor de uso.

O que escapa a esses senhores e senhoras e à sua saudável crise ética é que podemos — e *devemos* — eliminar o valor de troca como forma de expressão do valor, sem com isso precisar abandonar o valor de uso. Deixemos as redes sociais por um momento. Posso gostar de tomar uma taça de vinho e, quando ela se apresenta como mercadoria, preciso pagar o equivalente monetário de seu valor de troca para ter acesso a seu valor de uso. Mas como sou um comunista — consciente do fato de que as viniculturas são empresas que só objetivam ao lucro e não à minha felicidade —, resolvo então me tornar abstêmio!

Resta saber se as redes têm outro valor de uso além do expresso como meio de captura de atenção e plataforma de publicidade dirigida. Parece-me que sim.

Uma outra solução seria transformar os produtos do trabalho humano em objetos que satisfaçam necessidades humanas, produzidos na superação da escravizante subordinação dos indivíduos à divisão do trabalho, inclusive e principalmente, à divisão entre trabalho intelectual e manual, de maneira que os indivíduos se desenvolvam em todos os sentidos, trabalhando de acordo com sua capacidade e recebendo de acordo com sua necessidade. Se você não sabe do que isso se trata, dê uma procurada no Google sobre o que é o *comunismo*. Como suspeito que você não vá encontrar lá a resposta, sugiro que você comece a comprar livros sobre o assunto. A leitura atenta deles teria, por exemplo, ajudado muito os entrevistados no documentário a entender o dilema em que se encontram.

Referências

MARX, K. *O capital*. Livro I. São Paulo: Boitempo, 2013.

MARX, K. *O capital*. Livro II. São Paulo: Boitempo, 2014.

MARX, K. *Grundrisse*. São Paulo: Boitempo, 2011.

MÉSZÁROS, I. *Para além do Capital*. São Paulo: Boitempo, 2002.

Vídeos

COSTA, P. *Democracia em vertigem*, 2019.

GUGGENHEIN, D. *Uma verdade inconveniente*, 2006.

ORLOWSKI, J. *O dilema das redes*, 2020.

Sobre o Autor

Mauro Luis Iasi nasceu em São Paulo em 1960. É professor Associado na Escola de Serviço Social da UFRJ desde 2009, educador popular no NEP 13 de Maio em São Paulo e dirigente do Partido Comunista Brasileiro (PCB), pelo qual foi candidato à presidência da república em 2014. Formado em História pela PUC-SP, mestre e doutor em Sociologia pela FFLCH-USP. É autor de vários livros sobre o tema da consciência de classe, como *O dilema de Hamlet*: o ser e o não ser da consciência (São Paulo: Viramundo/Boitempo, 2002), *Metamorfoses da consciência de classe*: o PT entre a negação e o consentimento (São Paulo: Expressão Popular, 2006), *Ensaios sobre consciência e emancipação* (São Paulo: Expressão Popular, 2007) e *Política, Estado e ideologia na trama conjuntural* (São Paulo: ICP, 2017). Publicou, também, livros de poesia, como *Aula de voo* (São Paulo: CPV, 2000), *Meta amor fases* (São Paulo: Expressão Popular, 2011), *As ruas*: poemas e reflexões pedestres (São Paulo: ICP, 2014) e *Outros tempos* (Rio de Janeiro: Mórula, 2017).

GRÁFICA PAYM
Tel. [11] 4392-3344
paym@graficapaym.com.br